ÉDOUARD DROZ

Professeur à la Faculté des lettres de l'Université de Besançon

P.-J. Proudhon

(1809 - 1865)

Librairie de " Pages Libres "

17, RUE SÉGUIER, PARIS, VIe

1909

Prix : 3 fr. 50

P.-J. Proudhon

(1809-1865)

ÉDOUARD DROZ

Professeur à la Faculté des lettres de l'Université de Besançon

P.-J. Proudhon

(1809 - 1865)

Librairie de " Pages Libres "

17, RUE SÉGUIER, PARIS, VIᵉ

1909

Au bon proudhonien Maurice Bouchor

Les deux études dont se compose ce volume ont été écrites pour être publiées en articles dans la revue Pages libres. Cette destination primitive expliquera certains traits de l'une et de l'autre, et justifiera peut-être l'extrême concision de la seconde, où tout ce qui ne se rapporte pas à la matière sociale, c'est-à-dire à l'essentiel de Proudhon, est à peine indiqué, où la religion française des transitions a été souvent foulée aux pieds, d'où presque toutes justifications et références sont exclues.

Je remercie cordialement M. Jules Troubat, bibliothécaire à la Nationale, et M. Georges Gazier, bibliothécaire de la ville de Besançon, du concours et du secours qu'ils m'ont donnés avec une complaisance inépuisable.

Pour tout écrivain ce serait un honneur, c'est un plaisir délicat et profond pour un proudhonien travaillant sur Proudhon, d'avoir été secondé dans sa tâche par le collaborateur et l'ami de Sainte-Beuve, par celui qui a rassemblé tous les matériaux dont le grand critique a bâti en 1865 son admirable biographie de Proudhon.

E. D.

Besançon, le 16 octobre 1908.

LE CENTENAIRE DE PROUDHON

(1809-1909)

Cent ans ont passé depuis la naissance de Proudhon, quarante-quatre ans depuis sa mort. Subsiste-t-il quelque chose de lui dans la pensée et dans l'action contemporaines ?

I

En 1892, un professeur de droit s'écriait, à Lille, dans une solennité académique : « Qui pense aujourd'hui à Proudhon ? » Et il ajoutait : « Si le socialisme français, à son réveil, en 1864, se rattachait encore à lui..., son influence a complètement disparu depuis l'Année terrible (1). »

Le savant professeur était mal informé, et prenait mal son temps pour faire une déclaration aussi assurée.

En cette même année 1892, avait paru une

---

(1) Discours de M. BOURGUIN, dans *Séance de rentrée des Facultés de Lille*, Lille, 1892 ; v. *Revue d'économie politique*, mars 1893. Étude remplie d'erreurs de fait et d'appréciations insoutenables. — Sur la littérature proudhonienne antérieure à cette date, consulter l'ouvrage de M. Diehl, qui est indiqué et apprécié ci-après.

seconde édition allemande de la *Misère de la philosophie,* écrite en français par Karl Marx, citée communément sous le nom d'*Anti-Proudhon,* et traduite pour la social-démocratie, par E. Bernstein et K. Kautsky. Peu de temps après, le disciple le plus passionné, le plus attentif et le plus pénétrant que Proudhon ait jamais eu, un homme qui, depuis 1878, publiait, sur l'œuvre du maître, qu'il ne semble pas avoir personnellement connu, des études minutieuses et approfondies, le Wurtembergeois Arthur Mülberger, répondait au pamphlet de Marx par un article qui doit compter dans l'histoire du proudhonisme, et dont il faut donner ici une brève idée (1).

Après avoir fait l'histoire du livre de Marx (1847), qui voulait être une réfutation ou plutôt un écrasement des *Contradictions économiques* de Proudhon (1846), Mülberger en discutait les conclusions. Il lui reprochait son inintelligence et son

---

(1) *Zur Kenntnis des Marxismus,* von Dr Arthur MUELBERGER, Stuttgart, 1894, deuxième étude, p. 19 : *Karl Marx : « Das Elend der philosophie ».* C'est encore au cours de l'année 1892 que Mülberger indiqua Proudhon à Ernst Busch, qui, de lui-même, sans rien connaître de ses écrits, avait découvert la même doctrine pour la solution de la question sociale. La surprise de Busch n'eut d'égale que son admiration pour le socialiste français. Voir la lettre de lui que cite Mülberger dans l'introduction de *Der Irrtum von Karl Marx,* 2e éd., Stuttgart, 1908, p. 9.

injustice à l'égard de la doctrine économique de Proudhon sur l'échange : « Il y a un socialiste qui, le premier, pose la nécessité d'anéantir l'échange individuel, de détruire l'anarchie du commerce, de socialiser la circulation des produits, et qui établit avec une finesse pénétrante la théorie de l'opération ; cet homme, c'est Proudhon ; eh bien ! Marx trouve le moyen de le présenter comme le premier champion de l'échange individuel et de la circulation capitaliste des produits ! »

La métaphysique de l'économie politique, c'est là que Marx est dans son élément, ou croit l'être, bien posté et bien armé pour accabler une fois de plus le pauvre Français, en lui remontrant qu'il n'a rien compris à la dialectique de Hegel ! Comme si Proudhon n'avait pas, et de bonne heure, dépassé le hégélianisme ! Comme s'il en avait eu besoin pour découvrir, longtemps avant Marx, ce « matérialisme de l'histoire », dont Marx et son école sont si fiers, — mais sans y faire tenir le monde, lui, et sans en tirer des conséquences inattendues et odieuses, comme le culte idolâtrique de la multitude et la dictature du prolétariat. Le matérialisme économique, réduit à ce qu'il a de vrai, il est là, dans ces *Contradictions économiques*, tant ridiculisées par Marx, mais où, en réalité, la grande question du siècle a été formulée avec une profondeur qui n'a jamais été dépassée.

Marx a donc méconnu en Proudhon l'économiste

et le philosophe. Il n'a pas été moins injuste pour son caractère. Les raisons de sa haine sont visibles. Marx est de ceux qui ont toujours la liberté dans la bouche et la dictature dans l'esprit ; Proudhon est de ceux qui veulent la liberté pour eux et pour tous. « Tandis que les docteurs disputent pour savoir s'il faut le ranger parmi les socialistes ou les communistes, je me fais fort de prouver que la science sociale, depuis trente ans, n'a pas mis au jour contre le socialisme et le communisme autoritaires une seule objection qui n'ait pas déjà été exprimée par Proudhon avec plus de force et plus de beauté. S'il suffit, pour recevoir le nom de socialiste, de croire possible l'établissement de l'égalité sociale par le moyen d'une réforme progressive, qui n'aboutira pas aujourd'hui ni demain, mais dont l'accomplissement sera prompt et sûr, Proudhon est un socialiste, et assurément le plus conscient du but, le plus conséquent et le plus clair de tous. »

Telle est la conclusion de cet article, dont l'éloquence frémissante est soutenue par une connaissance profonde du maître que le disciple exalte. Il ne s'agissait ici que d'en rapporter les idées essentielles, et non de les prendre à notre compte. Cette admiration si ardente doit mettre en garde la critique ; mais s'il faut se méfier de ce que la passion peut inventer, il convient d'être attentif à ce qu'elle sait découvrir.

Chemin faisant, Mülberger avait signifié aux marxistes que le temps était passé pour eux de compter sur la crédulité du public allemand pour propager les calomnies de Marx contre Proudhon. Depuis les travaux déjà lointains de Pfau et l'étude honteusement ignorante d'un Putlitz (1), Proudhon n'avait pas eu d'historien en Allemagne. « Mais, depuis l'œuvre de Diehl, ajoutait Mülberger, nous sommes heureusement en marche vers le mieux. »

Le nouveau travail sur Proudhon, que Mülberger annonçait ainsi, est une œuvre beaucoup plus considérable que les termes de son appréciation ne le donneraient à penser. M. Diehl, alors professeur à Halle, et depuis à Kœnigsberg, en avait publié à Iéna la première partie en 1888, et la seconde en 1890, sous ce titre général : *P.-J. Proudhon, sa doctrine et sa vie* (2). Anton Menger a déclaré l'ouvrage excellent (3). Mülberger, mieux préparé à en juger, lui a adressé plusieurs critiques, dont une est particulièrement grave : c'est

------

(1) MUELBERGER, *Studien über Proudhon*, Leipzig, sd, pp. 148 sqq., *Eine deutsche Schrift über Proudhon*.

(2) K. DIEHL, *P.-J. Proudhon, seine Lehre und sein Leben*, Iéna, 3 vol., 1888, 1890, 1896. — V. un article de Mülberger sur les deux premières parties de l'ouvrage de Diehl, dans *Studien über Proudhon*, pp. 160 sqq.

(3) ANTON MENGER, *Le Droit au produit intégral du travail*, trad. franç., Paris, 1900, p. 101, n° 1.

que M. Diehl a commencé par exposer les théories économiques de Proudhon, plusieurs années avant de se mettre au courant de sa vie et de sa philosophie sociale, méthode fâcheuse, qui l'a conduit à de véritables fautes, par exemple dans sa façon de présenter les doctrines successives de Proudhon sur la propriété. Il n'en reste pas moins que le livre de M. Diehl sur Proudhon devra être consulté longtemps encore avec déférence par ceux qui voudront reprendre le même sujet, tout ou partie. L'esprit scientifique en est hautement louable, comme aussi l'érudition.

Il nous faut revenir en arrière et rentrer en France.

En 1892, M. Georges Sorel donnait à la *Revue philosophique*, en deux articles, un *Essai sur la philosophie de Proudhon* (1), qui ne tenait qu'en partie

______

(1) *Revue philosophique*, 1892, t. I, II. — Dans ces articles, je relève ici une erreur de fait, qui a sa gravité, parce qu'elle se rapporte à celui des ouvrages de Proudhon qui a été le plus mal compris, en particulier dans le monde de la démocratie, *La Guerre et la Paix*. M. G. Sorel dit : « Proudhon n'est arrivé que très tard à la conception du droit de la force ». De fait, Proudhon a conçu très tôt le droit de la force. V. *Qu'est-ce que la Propriété ?* nouv. édit., Flammarion, sd, pp. 209-210; *Contrad. écon.*, id. ibid., sd, II, pp. 247, 250, 402; Discours du

les promesses de son titre, mais précieux comme tout ce qui vient de ce penseur, si apte à jeter de vives lueurs sur les sujets où il s'applique, moins heureux peut-être à y répandre la lumière.

M. G. Sorel est un esprit trop personnel pour se donner à un autre esprit. Il a pu un moment paraître marxiste de stricte observance ; ceux qui le connaissent avaient prévu qu'il ne tarderait pas à se reprendre. Dans les articles indiqués plus haut, il n'était pas proudhonien au sens d'une adhésion complète à la pensée de Proudhon. Mais il y mettait une attention, il y témoignait d'une déférence, qui, venant d'un tel homme, étaient une forme excellente d'approbation, la seule, au surplus, que Proudhon ait jamais réclamé de ses lecteurs, puisque toujours il se refusa à tenir école. C'est un peu après 1892 que M. Sorel devait s'attacher à Marx avec prédilection. Son retour postérieur à Proudhon, sur des questions même où Proudhon avait été pis que combattu par Marx, comme la socialisation de l'échange dans un

---

31 juillet 1848 : « Partout où se trouve la force, et jusqu'à ce qu'un principe, une constitution authentique, la vienne régler, là se trouve l'autorité, la légitimité. » Ce n'est donc ni sur le tard, ni sous l'inspiration de l'*Origine des Espèces* (comme l'a cru Eugène Fournière, *Les Théories socialistes au XIXe siècle*, p. 260) que Proudhon, vingt-et-un ans après son premier Mémoire, deux ans après le livre de Darwin, est arrivé à poser l'idée maîtresse de *La Guerre et la Paix* (1861).

milieu de production non socialisé (1), devenait
par là une preuve d'autant plus frappante de l'influence que Proudhon avait exercée sur ce philosophe et sociologue original.

M. G. Sorel, répétant un regret de M. Fouillée,
se plaignait que les idées philosophiques de Proudhon n'eussent pas toujours été appréciées à leur
juste valeur. C'est ce que redit un peu plus tard le
regretté Henry Michel, disciple de Renouvier, contrairement à l'avis qu'allait exprimer son maître,
selon lequel Proudhon « n'avait pas étudié les philosophes, et ne comprenait bien, ne traitait correc-
tement aucune question de leur ressort » (2).

Dans son livre sur l'*Idée de l'État*, H. Michel a
consacré à Proudhon un chapitre court, mais plein.
Il le place très haut parmi les penseurs, pour avoir
eu « le sentiment de la liaison qui existe entre les
problèmes moraux et sociaux et les problèmes de
la philosophie première ». Il lui fait honneur, plus
qu'à tout autre, de changements heureux introduits
dans la mentalité humaine : si la notion d'égalité
est aujourd'hui, dit-il, inséparable de l'idée de jus-

---

(1) G. SOREL, *Introduction à l'Économie moderne*, Paris,
1903, 2ᵉ édit., pp. 11, 142.

(2) Henry MICHEL, *L'Idée de l'État*, Paris, 1895, pp. 395
sqq. ; RENOUVIER, *Philosophie analytique de l'histoire*, Paris,
1896-1897, t. IV, p. 225.

tice, au point d'en constituer l'élément le plus vivant, c'est à Proudhon que revient la plus large part de ce résultat. C'était donner à Proudhon l'éloge qui lui aurait touché le cœur à l'endroit le plus sensible, à propos d'une idée qu'il portait en lui dès la première jeunesse, et qui lui avait mis les armes en mains contre le saint-simonisme et le phalanstère.

La même année 1896, où paraissait à Iéna le troisième volume de M. Diehl, enfin s'était rencontré un écrivain français pour juger que Proudhon méritait à lui seul tout un livre. Par malheur, le *P.-J. Proudhon, sa vie, ses œuvres, sa doctrine,* de M. Arthur Desjardins (1), n'était pas le livre que méritait Proudhon.

Non que l'auteur méconnût le talent de l'écrivain ou les vertus privées par lesquelles Proudhon se recommande à l'admiration des hommes ; mais il ne se proposait de l'étudier que pour le réfuter. Ce conservateur avait choisi Proudhon comme son héros afin d'en faire sa victime, sûr qu'il aurait enterré tout le socialisme français, s'il en avait une fois mis à mal le représentant le plus considérable.

Cette entreprise de polémique condamnait

----

(1) Paris, Perrin, 1896, 2 vol.

d'avance à la partialité l'ouvrage qui en devait résulter. De fait, M. Arthur Desjardins a cherché partout l'occasion d'incriminer, de ravaler, de ridiculiser Proudhon, sa pensée, ses intentions, ses écrits, ses actes, bafouant ses tâtonnements, ses reprises, ses contradictions de penseur honnête et de réformateur anxieux, espérant se donner un air d'impartialité en louant avec force ce qu'il ne pouvait omettre de louer sans dénoncer son parti-pris. C'est une chicane perpétuelle, quand ce n'est pas une calomnie.

En outre, une fâcheuse préoccupation d'élégance a conduit M. A. Desjardins à remplacer dans son récit le nom de Proudhon par quelque périphrase, afin d'éviter ces répétitions nécessaires qu'est seule à proscrire une fausse rhétorique, sifflée par Pascal. Plus de cent fois, il dénomme Proudhon « notre Franc-Comtois », là où la Franche-Comté n'a rien à faire, et, plus souvent encore, sans ombre d'opportunité ni même de prétexte, il l'appelle « notre sophiste », ce qui n'est plus seulement une gaucherie de M. Desjardins, mais un dénigrement de Proudhon. Cela donne le ton de l'ouvrage et en indique l'esprit.

La critique de M. G. Sorel, d'autres fois plus sévère, a loué ces deux volumes « si étudiés » (1).

---

(1) G. Sorel *Introd. à l'Économie moderne*, p. 144.

La correspondance de Proudhon y est en effet
utilisée avec une diligence et un savoir-faire
remarquables. Mais, outre que le caractère de
Proudhon y est défiguré, des ouvrages essentiels
y sont trop légèrement expédiés, et même l'un
d'eux, la *Théorie de la Propriété,* étrange ignorance ! est resté inconnu de M. Desjardins. Cet
honorable académicien n'a rien su trouver non
plus de neuf, d'utile, d'élevé dans le *Principe de
l'Art,* par exemple.

Mais enfin, son livre était le premier travail
d'ensemble fait en France sur Proudhon et offrait
une base d'études sérieuses à qui serait tenté de le
compléter, de le corriger ou de le refaire.

Il y aurait injustice à ne pas mentionner un
Abrégé des œuvres de Proudhon (1), paru
en 1897.

Un disciple convaincu, désolé de l'abandon où
la France laissait l'homme qui lui a enseigné les
voies de la justice et de la grandeur, tâchait d'y
rendre accessible au peuple de France et de tous
les pays d'Europe « l'œuvre sublime », mais énorme
et ardue, du grand socialiste, « cette encyclopédie »
dont « la bourgeoisie parasite » se garde de parler,
par crainte de voir sa prépondérance ruinée, quand

-----

(1) Paris, Flammarion, sd.

les travailleurs seront mis à même de connaître
« la logique irréfutable » de Proudhon. Si la foi
désintéressée de l'auteur n'éclatait pas dans ses
introductions et ses commentaires, le fait qu'il
n'a pas mis son nom en tête du livre en témoi-
gnerait assez. Mais nous serions ingrats de ne pas le
nommer, et dussions-nous faire violence à sa
modestie, nous féliciterons et nous remercierons
M. Merlin de sa coopération à l'œuvre du proudhonisme.

Vers le même temps, le plus notable des disciples
de Marx, le jeune ami, le confident, l'héritier
intellectuel de Frédéric Engels, M. Édouard Bernstein, le social-démocrate réformiste bien connu,
confrontant avec l'histoire du jour les prévisions
et les prophéties du marxisme, s'apercevait que les
événements n'avaient pas dansé au rythme de l'air
sifflé par Marx et ne faisaient pas mine de se
diriger vers la sortie qu'il leur indiquait d'un doigt
impérieux. De là une série d'articles qui jetèrent
le trouble dans la social-démocratie allemande,
et suscitèrent des réfutations passionnées, dont l'intérêt pour nous, ici, se résume en « cette excla-
mation horrifiée : Il ressuscite Proudhon ! » A
quoi M. Bernstein, dans la préface pour l'édition
française du livre fameux où il a rassemblé ces
articles, répondait : « Ce n'est pas moi, mais bien
la réalité des choses qui fait revivre l'auteur de la

Capacité politique de la classe ouvrière (1). » Et c'est en maint endroit de son ouvrage qu'il nomme Proudhon, qu'il le loue, non sans signaler à l'occasion, comme il convient, les fautes ou les défauts qu'il relève chez lui.

Et c'est la même année 1899 que Mülberger, rassemblant les fruits d'un travail de plus de vingt ans, offrait au public allemand, sous le titre *P.-J. Proudhon, vie et œuvres* (2), une étude générale, dont il faut souhaiter qu'un traducteur français fasse profiter notre pays, puisque notre pays n'a pas su produire lui-même une pareille œuvre sur un grand citoyen qui l'honore.

Voici donc que Proudhon, un moment disparu sous les pierres que lui avait jetées et lui jetait le marxisme, relégué du moins, semblait-il, dans les livres des savants, remonte au jour et fait reconnaître le développement de sa pensée dans la vie sociale, où d'abord les yeux les mieux ouverts sont seuls à discerner son image. Bientôt, il se produit une sorte de renaissance proudhonienne que signale en ces termes M. Georges Sorel, dans ce curieux passage de l'*Introduction à l'Économie*

---

(1) Ed. BERNSTEIN, *Socialisme théorique et Social-Démocratie pratique*, 2ᵉ éd., Paris, 1903, p. XXXI. La première édition est de 1899.

(2) *P.-J. Proudhon, Leben und Werke*, von Arthur MUELBERGER, Stuttgart, Fr. Frommans Verlag (E. Hauff), 1899.

moderne (1) : « Beaucoup de socialistes semblent revenir aujourd'hui (1903) vers des conceptions proudhoniennes ; je suis persuadé que ce retour n'a rien de raisonné... Plus ce retour est inconscient, plus il est intéressant pour nous, car il est de nature à montrer que la doctrine de Proudhon a dans la pensée populaire des racines plus profondes qu'on ne le croit d'ordinaire. »

Nous allons regarder les jets qu'ont poussés et que poussent dans la pensée populaire ces racines proudhoniennes. Aussi ne nous attarderons-nous pas plus longtemps aux livres des savants, s'il n'est pas injuste de ranger dans la cabale des auteurs certains hommes mêlés à l'action. Jusque dans ses ouvrages d'hier, *Les Illusions du Progrès* et les *Réflexions sur la Violence*, M. Georges Sorel continue à se montrer préoccupé de Proudhon. L'étude de M. Faguet sur Proudhon (1896) a des parties qui sont de premier ordre ; le contraire était impossible ; par malheur, cet esprit éminent y a fait dans sa critique une part trop large au raisonnement et à l'imagination, sans ressentir assez le besoin de lire ou de bien lire son auteur. Dans ses beaux *Essais sur le mouvement ouvrier au XIXe siècle*, si intelligents, Daniel Halévy a marqué en traits forts l'action puissante de l'anarchiste constructeur et justicier que fut Proudhon (1901).

---

(1) P. 140.

M. Hubert Bourgin a fait tenir dans son *Proudhon* (1901), de format si exigu, tant de choses exactes et fortes qu'il y a quelque dureté à lui reprocher de n'avoir pas tout dit, même de ce qui pouvait être important, sur un sujet auquel de gros livres n'ont pas suffi. Eugène Fournière, dans plusieurs de ses ouvrages, a été un interprète informé et sagace de Proudhon. On a gardé à Besançon le souvenir de la conférence qu'il y fit, en 1904, dans une fête donnée par l'Université populaire, en l'honneur des deux grands sociologues bisontins, Proudhon et Fourier. Il n'est pas téméraire d'attribuer pour une part à l'influence de Proudhon le souci croissant que Fournière prend des questions relatives à la moralité du peuple, et qui lui a inspiré à diverses reprises des articles honnêtes et courageux, mal secondés parfois, quand ils n'étaient pas contredits, par des organes socialistes dont on pouvait attendre mieux. Enfin, M. Marcel Bernès, dans une conférence consacrée à la *Morale de Proudhon,* a mis une déférence rare chez les philosophes professionnels à étudier comme un maître cet « aventurier de la pensée », et à dégager de son œuvre, tout particulièrement (trop particulièrement peutêtre) de la *Justice,* l'esquisse, qu'il admire, « d'une philosophie de l'action » (1).

---

(1) *Études sur la philosophie morale au XIXe siècle,* Paris, Alcan, 1904.— C'est Proudhon lui-même qui se qualifie « aven-

Il serait excessif de dire qu'aujourd'hui Proudhon est à la mode. Il est trop long, et trop dur à pénétrer. Néanmoins, l'attention du public lisant se tourne de plus en plus vers lui.

Il serait intéressant de connaître le progrès de sa vente en librairie; ce sont là secrets sur lesquels on n'ose pas questionner le commerce. Ce qui est sûr, c'est que la *Correspondance,* naguère encore laissée pour rien aux acheteurs, a remonté au prix fort. Un bon nombre de volumes des *Œuvres complètes* ne se trouvent plus que chez les bouquinistes, quand ils s'y trouvent.

Les jeunes gens se mettent à travailler sur Proudhon, quelquefois avec un zèle heureux, dont le lecteur profite. Ce mouvement de faveur se développera quelque temps encore, pour se ralentir ensuite, comme il est naturel et ordinaire de tous ceux où se trouvent mêlés le goût humain et certains besoins actuels; peut-être ne s'arrêtera-t-il complètement que dans un avenir éloigné.

L'instant semble propice pour que notre génération fasse dans les œuvres de Proudhon ce choix du meilleur, auxquels doivent être soumis les

---

turier de la pensée », dans une lettre adressée à son compatriote comtois Cournot : *Corresp.,* VII, p. 368.— La lecture de la conférence de M. Bernès ne peut être trop recommandée à quiconque veut entreprendre d'aborder Proudhon, qui n'est pas d'un accès très facile, même comme moraliste.

classiques eux-mêmes, pour durer autrement que par leur nom. Ce travail ne serait pas moins utile à la société qu'équitable au génie et aux vertus de Proudhon, s'il servait à persuader la jeunesse ambitieuse d'écrire, qu'à la parole aussi et à la science sociale peuvent sourire les Muses, même les Grâces, et si les beautés de premier ordre qu'il offrirait aux gens de goût, aidaient la doctrine proudhonienne de justice, d'égalité, de liberté à s'insinuer dans les âmes.

Parmi les artistes contemporains, il en est un, des plus hauts et des meilleurs, celui auquel sont dédiées ces études, qui aime à déclarer les bienfaits dont il est redevable à la lecture de Proudhon (1) ; et l'auteur de *Jacquou le Croquant,* ce rare chef-d'œuvre, tout imprégné de Proudhon, écrivait à un Bisontin, quelques semaines avant sa mort, une lettre vibrante où il le félicitait d'être né dans la même ville que l'auteur de la *Justice,* « ce fier homme », comme si cette rencontre était un mérite.

----

(1) Maurice Bouchor le faisait avant hier dans la préface de *Choix de poésies,* Paris, Fasquelle, 1908, p. xix : « Je commençais à feuilleter passionnément l'œuvre du mâle écrivain qui aura exercé, bien que de façon indirecte et lointaine, l'influence la plus décisive sur ma pensée : Pierre-Joseph Proudhon. » Hier encore, il communiait avec la pensée de Proudhon dans l'idée maîtresse de son beau drame symbolique *Il faut mourir,* Paris, Colin, 1908. Voir dans la *Préface,* p. 3, le passage qui commence ainsi: « Sans être destiné... »

Donc, en 1892, M. Bourguin n'était pas le seul homme qui pensât à Proudhon. Donc, en 1908, on pense bien davantage encore à Proudhon.

Parmi ceux qui doivent penser à lui le plus fortement et avec le plus de regrets, est sans doute le noble M. Bérenger. Dans la campagne entreprise pour nettoyer la rue et les lieux publics, infectés, sous prétexte d'art, par la pornographie, la pornoglyptie, la pornophanie et le priapisme, quel renfort, si on avait pour auxiliaire l'auteur de la *Pornocratie !*

Et quel honneur pour le socialisme !

Comme le dit bien Édouard Berth, nous avons besoin du vent âpre et fort de Proudhon pour balayer tous nos miasmes.

II

Si Proudhon ne vivait que dans les livres, même d'économie sociale, même de socialisme pratique, ce succès n'aurait pas de quoi contenter le réformateur qu'il voulait être, ni surtout l'homme du peuple qu'il est resté toute sa vie, voué dès sa jeunesse par un serment d'Hannibal, qu'il a tenu en héros et pour lequel il est mort, à défendre jusqu'à leur affranchissement complet ses « frères et compagnons », les ouvriers (1).

Mais la seconde affirmation de M. Bourguin est plus fausse encore que la première : depuis 1864, l'influence du socialisme proudhonien n'a pas cessé un instant de s'exercer en France sur les couches profondes du prolétariat militant, et on pourrait dire de la Belgique quelque chose de semblable (2). En ce moment même, chez nous, l'action ouvrière, dans ce qu'elle a de plus intime et de plus énergique, reçoit de Proudhon ses principales directions. Par lui-même et par ses disciples, Proudhon a créé,

----

(1) *Corresp.*, I, p. 52.

(2) V. Daniel HALÉVY, *Essais sur le Mouvement ouvrier au XIXe siècle*, p. 280.

pour la plus grande part, la Confédération générale
du Travail. Si cette opinion paraît surprenante (1),
avant de la condamner, qu'on veuille bien en
regarder les preuves. Les grands traits de cette
histoire seront peut-être assez démonstratifs. Mais
il faut la reprendre d'un peu haut.

Proudhon n'a été un militant, ouvrier parmi les
ouvriers, et peut-être conspirateur parmi des cons-
pirateurs, que dans sa période de Lyon, où le métier
le mettait en contact avec des travailleurs manuels,
affiliés sans doute à la société locale des Mutuellistes (2). Il n'était pas homme d'action, il l'a dit à
la fin de sa vie ; il n'était surtout pas un homme
d'action concertée, pensant que « le travail est avec
l'amour la fonction la plus secrète, la plus sacrée
de l'homme ; il se fortifie par la solitude ; il se
décompose par la prostitution ». Anarchiste et

______

(1) Ceci était écrit avant que j'eusse lu *Les Nouveaux
aspects du socialisme* (Paris, 1908), où Édouard Berth déclare
qu'à son avis le prétendu anarchisme de Proudhon « est en
réalité ce que nous appelons du syndicalisme » (pp. 43 sqq.).
Je suis heureux d'être soutenu par un syndicaliste aussi
autorisé dans la thèse historique que je vais défendre contre
plusieurs écrivains syndicalistes, non moins autorisés, mais
moins bien informés, je crois.

(2) *Correspondance*, VI, p. 335 ; II, p. 136 ; TCHERNOFF,
Assoc. et sociétés secrètes sous la deuxième République, pp.
127 sqq.

solitaire, ses habitudes sauvages ne se trouvaient à l'aise que dans un petit groupe d'amis ou de familiers.

A la fin du règne de Louis-Philippe, ce que les affaires lui laissaient de temps, il l'employait à écrire les *Contradictions économiques*, à méditer la *Solution du problème social*, à s'instruire de la philosophie, qui lui paraissait alors l'indispensable et l'unique instrument de la Révolution, passant des nuits à causer de Hegel avec Marx, puis avec Bakounine (1).

En 48, le journalisme d'abord prit tout son temps, puis la besogne parlementaire, à laquelle il s'attela avec une conscience dont Kropotkine l'a raillé doucement et tendrement, comme si dans les assemblées toutes les questions n'étaient pas résolues d'avance (2) ! Il portait le peuple dans son cœur; mais contrairement à son ami Beslay, né bourgeois, il ne sentait pas le besoin de le fréquenter, content de lui donner sa pensée et toute sa vie. Il avait le caractère trop indépendant pour se plier au mot d'ordre d'un parti, d'une association. Il disait à

---

(1) MARX, *Misère de la philosophie*, p. 249; BAKOUNINE, *Correspondance*, Perrin, 1896, p. 35. — Une lettre de Proudhon, du 12 octobre 1848 (*Corresp.*, XI, 377), semble attester cependant qu'il fréquentait des ouvriers allemands révolutionnaires.

(2) KROPOTKINE, *Paroles d'un révolté*, Stock, nouv. éd., sd., p. 199.

tous leurs vérités, plus durement peut-être à ceux qui étaient le plus voisins de lui, au moins par la conception du but.

Malgré tout, sa popularité fut grande pendant dix-huit mois environ. La saignée de Juin et les transportations qui suivirent lui-ôtèrent sans doute un bon nombre de ses partisans. Ses démêlés postérieurs avec la Montagne durent lui en aliéner d'autres. Il était en prison, quand eurent lieu les élections pour la Législative. Il n'en obtint pas moins 30.000 voix de plus le 13 mai 49 qu'il n'en avait eu le 4 juin 48, preuve du progrès socialiste qu'il a signalé lui-même en divers endroits de ses œuvres, preuve aussi de son ascendant personnel grandissant. Il ne fut d'ailleurs pas élu.

A la fin de cette même année 49, il parla au peuple dans ses *Confessions d'un révolutionnaire*, vendues douze sous, le plus beau de ses livres, au jugement de Sainte-Beuve (1), et qui s'écoula mieux qu'il ne l'a dit plus tard, puisque le 14 octobre 1851, il en préparait une troisième édition.

---

(1) SAINTE-BEUVE, *Premiers Lundis*, 2ᵉ éd., t. III, p. 218. — On ne peut écrire le nom de Sainte-Beuve à l'occasion de Proudhon sans rappeler le livre publié par le grand critique littéraire sur le grand critique socialiste, et qui reste à la base de toutes les études proudhoniennes par la finesse, la justesse et la justice de la psychologie. Jamais personne, disait Mülberger, n'a su voir et présenter la physionomie morale de Proudhon, comme l'a fait Sainte-Beuve.

Il était encore à Sainte-Pélagie, quand eut lieu le coup d'État du 2 décembre. Durant de longues années, sauf la surprise de *La Révolution sociale démontrée par le coup d'État*, sa plume dorénavant fut enchaînée et sa voix bâillonnée. Il maudit le César qui avait commis le crime ; il maudit plus violemment encore le peuple qui l'avait permis. Le peuple cependant conservait la leçon qu'il lui avait donnée, en le mettant en garde contre toute forme d'autorité, et continuait à combiner, avec l'idée d'association, que Louis Blanc, Buchez et d'autres avaient préconisée, celle du crédit gratuit que Proudhon avait développée avec tant d'opiniâtreté dans ses journaux et brochures, et qu'il avait voulu appliquer dans la Banque d'Échange, puis dans la Banque du Peuple.

Sous l'Empire, la nature des principaux ouvrages qu'il écrivit, l'espèce et la direction des polémiques qu'il soutint, n'étaient pas de nature à lui conserver la faveur populaire. Ajoutez encore qu'indifférent à la forme politique du gouvernement et à la personne des gouvernants, il n'avait pas hésité à présenter, au lendemain du coup d'État, Louis-Napoléon comme le chargé de pouvoirs du socialisme, et qu'après l'établissement de l'Empire, il ne se gênait point pour déclarer qu'il collaborerait au besoin avec l'Empereur, si Napoléon III s'y prêtait, afin de soumettre le capital au travail.

Aucune pensée d'avantages personnels dans ce

consentement à une alliance de la Révolution avec le pouvoir. Proudhon n'était pas du bois dont on fait les Ollivier, dans le passé, et, dans le présent, les... (choisissez). Mais les incorruptibles sont si rares que Proudhon fut soupçonné, même de ses meilleurs amis. A plus forte raison put-il être suspect aux hommes du peuple, d'autant mieux que, fièrement, il s'entêtait à voir le prince Napoléon, de loin en loin, mais aussi souvent que l'intérêt de la Révolution, ou d'un proscrit, le tournaient vers le Palais-Royal, où volontiers le cousin de Napoléon le Petit rappelait ce que le grand Napoléon avait respecté des traditions et du personnel révolutionnaires.

Le pouvoir lui permit enfin de mettre son nom au *Manuel du spéculateur à la Bourse* et d'y ajouter, dans les éditions postérieures à 1856, ces *Considérations finales*, où disait ses vœux et ses espoirs le révolutionnaire de 48. Proudhon put avoir connaissance par Beslay des sentiments excités chez les ouvriers par ce qu'on leur communiqua de cet ouvrage, et dut en être encouragé à dresser le monument de la *Justice*, en l'honneur de la Révolution. Les tribulations de ce grand livre, la citation de l'auteur devant la police correctionnelle, la pétition au Sénat, excitèrent parmi les ateliers un effet prodigieux. On le dit du moins à Proudhon qui, alors, heureux de se sentir en communion avec les ouvriers, écrivait cette parole dont la suite a démontré la justesse profonde : « Le peuple ne me lit pas, et sans me lire, il m'entend (1). » — Puisse-t-on donner au peuple le moyen de lire Proudhon !

Mais bientôt Proudhon, condamné, dut se soustraire à la prison par un exil en Belgique. De l'étranger, il fit les pires violences aux sentiments les plus ardents des Français.

La guerre d'Italie, si populaire chez nous, fut condamnée par Proudhon avec la dernière sévérité ; il devait aller un jour, dans les luttes qu'il soutint contre l'unification de l'Italie, jusqu'à prendre parti pour le pouvoir temporel du pape.

L'amour de la Pologne et le désir de la libérer étaient, en France, des sentiments presque nationaux ; Proudhon frappa sur la Pologne à coups redoublés, et, non content de se refuser à changer son triste sort, il se complut à le déclarer mérité.

Inépuisable en sarcasmes contre le principe des nationalités, alors si en faveur, il se donna le tort d'invectiver ou de ridiculiser les héros des races ou des peuples qui s'étaient révoltés pour leur indépendance, Mazzini, Garibaldi, Kossuth, Klapka, d'autres encore.

En 1861, son ouvrage de *La Guerre et la Paix* fit scandale et put le compromettre un moment auprès de toute la démocratie pensante, et davantage encore auprès de la démocratie sentante, qui est le peuple.

------

(1) Lettre à Cretin du 21 mai 1858, *Corresp.*, t. VIII, p. 47.

Aussi, après son retour en France, il lui parut qu'il était comme un étranger dans sa patrie et que ceux auxquels il avait donné sa vie le méconnaissaient, le détestaient peut-être. On entendit alors gémir l'indomptable lutteur : « Je suis vieilli, usé, pauvre, impopulaire (1). »

Mais non ! Le peuple n'attendait que son retour au peuple pour revenir à lui.

En 1863, la démocratie ouvrière retrouvait enfin sa bonne part dans un ouvrage de Proudhon, *Du Principe fédératif et de la nécessité de reconstituer le parti de la Révolution*. Ses amis Chaudey et Beslay, disciples et admirateurs convaincus, mêlés aux comités républicains bourgeois et ouvriers, d'autres avec eux, rappelèrent ses doctrines et ses services. On prêta l'oreille à cette voix qu'on s'était déshabitué d'écouter, ou dont on n'entendait plus que des accents amers.

Le Manifeste des Soixante (2), publié avant les élections de 1863, fut assurément écrit sans sa participation, et même contre quelques-unes de ses

------

(1) Lettre du 23 janvier 1864, *Corr.* XIII, p. 228.

(2) Il est impossible ici de détailler cette histoire. On en verra un exposé très instructif et non moins intéressant, dans le livre d'Albert THOMAS, *Le Second Empire*, Paris, Rouff, sd., pp. 215 sqq. — Proudhon critiqua le *Manifeste;* v. *Corresp.,* XIII, pp. 248, 256.

idées et de ses passions les plus vives, surtout en ce qui concerne la Pologne. L'empreinte de Proudhon y est cependant.

C'est bientôt sur toute l'élite ouvrière française qu'elle va se marquer. Il écrivait, le 30 mars 1864 : « Je serais heureux, je l'avoue, d'avoir la faveur des masses. » Il en avait du moins un avant-goût et une promesse. Le 8 du même mois, il avait adressé une longue réponse à des ouvriers de Rouen et de Paris (1) qui l'avaient consulté sur l'attitude à prendre dans les élections partielles de 1864. Il les engageait à se constituer en parti séparé, en parti de classe, avec un idéal politique (si l'on peut dire) d'anarchisme communal et fédéraliste, et un idéal économique de socialisme anti-communautaire.

C'est le résumé de toute sa doctrine antérieure, des aspirations, des espérances, des projets de toute sa vie. C'est le thème de cette *Capacité politique des classes ouvrières*, qui va devenir le programme du prolétariat français, et sur lequel le proudhonisme va triompher dans l'Internationale à ses débuts, pour succomber un moment, mais pour se redresser ensuite, soutenu et enflammé par de nouveaux auxi-

----

(1) Proudhon avait aussi des relations suivies avec des ouvriers de Lyon, qui lui écrivaient pour le consulter. Ce renseignement a été donné à M. Puech par M. Favier, ancien membre de l'Internationale, à Lyon. Les réponses que Proudhon dut adresser à ces ouvriers ne figurent pas dans la *Correspondance*.

liaires, avec une telle vigueur de résistance que la majorité marxiste ne crut pouvoir réduire une minorité indomptable qu'en l'excluant, après avoir essayé de la déshonorer ; d'où bientôt, et après d'autres incidents, dislocation de toute la machine.

Proudhon ne put jouir de ces victoires et de ces luttes. Dans ses dernières semaines, attristées par la maladie et la crainte de la famine pour les siens, il se disait cependant consolé de tout par les visites que lui rendait une élite d'hommes, ouvriers et étudiants, venus sous le prétexte de le consulter, en réalité, disait-il, plus avancés que lui (1). Il croyait sentir que l'on comptait sur lui pour guider la révolution prochaine ; de là sa joie. Le 19 janvier suivant, il s'éteignait.

Le mémoire apporté et soutenu par les délégués français dans le Congrès que l'Internationale tint à Genève en 1866, est du pur Proudhon, ou presque pur (2). On en peut juger aisément à la lecture, et

____

(1) Lettre du 30 octobre 1864, *Corresp.*, XIV, 83.

(2) PUECH, *Le proudhonisme dans l'Association internationale des travailleurs*, Paris, 1907, p. 151 et passim. Livre très étudié et utile. — V. James GUILLAUME, *L'Internationale*, deux volumes parus, Paris, 1905 et 1907, t. I, p. 26. Il y aurait quelque ridicule à louer cet ouvrage si généralement apprécié; il est difficile de l'avoir lu et pratiqué, sans être reconnais-

non moins bien à la fureur de Marx, qui bouillonne dans sa lettre du 9 octobre 1866 à Kugelmann : « Messieurs les Parisiens avaient la tête pleine des phrases de Proudhon les plus vides ; ils parlent de science et ne savent rien ; ils repoussent toute action révolutionnaire, *id est* résultant de la lutte des classes, tout mouvement social concentré, c'est-à-dire réalisable par des moyens politiques. Sous prétexte de liberté, d'antigouvernementalisme et d'individualisme anti-autoritaire, ces messieurs qui, depuis seize ans, endurent et ont enduré le despotisme le plus misérable, prônent maintenant la société bourgeoise, en se contentant de l'idéaliser à la Proudhon. Proudhon a fait un mal énorme : son semblant de critique et son semblant d'opposition aux utopistes... ont d'abord séduit et corrompu la jeunesse brillante, les étudiants, puis les ouvriers. »

C'est bien le duel de deux hommes, de deux systèmes peut-être, en tout cas de deux esprits incompatibles. En somme, si on laisse de côté diverses questions parfois importantes, on peut diviser l'histoire philosophique de l'Internationale en quatre phases, ci-dessus indiquées, et dont on va préciser le sens : lutte victorieuse du socialisme

---

sant et sympathique à l'auteur, si du moins on aime le courage, la droiture et ce que Proudhon appelait avec éloge le fétichisme de la liberté.

proudhonien anti-communiste et libertaire contre le communisme marxiste autoritaire ; victoire du communisme marxiste contre le socialisme anti-communiste proudhonien ; résistance de l'anarchisme proudhonien, ou d'origine proudhonienne, défendu par Bakounine et ses amis du Jura suisse, contre la méthode politique marxiste, la centralisation marxiste, l'autoritarisme marxiste ; épuisement des vainqueurs par leur triomphe et leurs abus d'autorité, dissolution de l'Internationale.

Les causes et le sens de ces deux derniers épisodes nous sont bien connus, grâce à Bakounine, à Kropotkine, à James Guillaume, acteurs des événements, sans compter les historiens survenus de l'extérieur. A quoi les marxistes (1) objectent que Marx, à partir d'une certaine époque, ou même toute sa vie, a exprimé çà et là des opinions anti-étatiques, communalistes, fédéralistes, et ils alignent pour le prouver des citations de Marx fort exactes, dont la valeur vraie pourrait être ainsi exprimée, dans le plus grand nombre des cas : concessions forcées de Marx au proudhonisme. Ceci est dit

---

(1) Les marxistes ou les défenseurs de Marx ; v. G. SOREL, *L'Église et l'État*, Paris, Jacques, sd., p. 58 ; Hubert LAGARDELLE, *A propos de Marx*, dans le *Socialiste* du 8 au 15 mars 1908, article reproduit dans le *Mouvement Socialiste* du 15 mars 1908.

historiquement, sans aucun anti-marxisme, sentiment qui serait stupide chez un socialiste. M. Bernstein a noté qu'on trouve chez Marx de quoi lui attribuer le bénéfice de toutes les opinions. Ce n'est pas sur des bouts de phrase qu'on peut déterminer la doctrine d'un homme, ni surtout rendre compte de son esprit. Autrement, il ne serait pas malaisé de montrer dans le Proudhon de 48 et 49 un socialiste d'état et d'autorité, comme on nous a présenté un Bossuet libéral, un Napoléon antimilitariste, et autres fantaisies du même genre.

Sur ces déchirements de l'Internationale, Kropotkine a dit : « Le conflit entre les marxistes et les bakounistes ne fut pas une affaire personnelle. Ce fut le conflit nécessaire entre les principes de fédéralisme et les principes de centralisation, entre la Commune libre et le gouvernement paternel de l'État, entre l'action libre des masses populaires marchant vers leur affranchissement et le perfectionnement légal du capitalisme en vigueur — un conflit entre l'esprit latin et l'esprit allemand (1). » L'esprit latin représenté par Bakounine, un Russe ! Voilà qui est moins concevable encore (2) que l'alliance actuelle du peuple qui a pris la Bastille

---

(1) KROPOTKINE, *Autour d'une Vie*, 1905, p. 397 ; v. du même, *Paroles d'un Révolté*, Paris, sd., nouv. éd., p. 121.

(2) V. cependant une note de Bakounine, citée par James GUILLAUME, *L'Internationale*, II, p. 161, n. 1.

avec l'autocrate dont les moyens de gouvernement sont Schlüsselburg et la potence, sans compter la nagaïka et la Sibérie.

L'instruction que nous donne à ce sujet Bakounine lui-même est plus complète et plus précise : « C'est la contradiction, devenue déjà historique, qui existe entre le communisme scientifiquement développé par l'école allemande et accepté en partie par les socialistes américains et anglais, d'un côté, — et le proudhonisme largement développé jusqu'à ses dernières conséquences, de l'autre, accepté par le prolétariat des pays latins. » Et Bakounine s'insurge contre le communisme autoritaire de Marx comme un amant fanatique de la liberté (1).

Donc, tous deux s'accordent à reconnaître, Bakounine et Kropotkine, que l'anarchisme révolutionnaire, dont ils sont les champions, est d'origine latine. Bakounine, qui doit savoir ce qu'il en est de sa doctrine, la rapporte à Proudhon comme à sa source.

Il faut remarquer d'autre part, dans la citation qui précède, un mot digne d'attention : « le proudhonisme... *accepté* par le prolétariat des pays latins. » Le prolétariat français, qui avait donné aux peuples latins l'exemple de l'adhésion au prou-

---

(1) BAKOUNINE, cité par James GUILLAUME, ll., II, pp. 160-161.

dhonisme, était-il donc né ennemi de l'autorité et de l'État? Non; lui aussi, et peu d'années auparavant, de lui-même comme sous l'influence de conseillers aimés, tels que Louis Blanc, il avait invoqué l'État, il avait compté sur lui, il avait formé le dessein de s'en emparer, et, après les journées de Février, il lui avait accordé trois mois, trois mois de misère, pour rétablir le peuple dans ses droits. Les tristes déceptions qui suivirent tant d'espérances ne furent pas suffisantes encore pour lui ôter sa foi dans la capacité bienfaisante du pouvoir.

Qui donc lui avait appris dans la suite à se méfier de l'État, à le craindre? Qui lui avait inculqué l'ambition et la confiance de le résorber? Qui, sinon Proudhon, l'homme qui avait voté contre la Constitution de novembre 48, parce que c'était une Constitution, à la grande surprise des Français « monarchisés », et qui depuis avait réclamé contre Girardin, contre Louis Blanc, contre Pierre Leroux, contre tous, hormis peut-être quelques babouvistes, la suppression du gouvernement?

Cette transformation prodigieuse d'une mentalité nationale est la plus forte marque de l'ascendant de Proudhon et de son génie, un des effets les plus étonnants que jamais ait produits un homme. La recherche des causes en histoire est délicate et décevante. Cette fois, cependant, il semble qu'on ne peut attribuer ce changement d'un peuple, ou mieux d'une classe de ce peuple, représentée par son élite,

que par les enseignements anarchistes de Proudhon.
Et si les sentiments nouveaux, que Proudhon lui
a comme imposés, subsistent, on pourra mesurer
l'influence de l'instituteur à la vitalité de ce qu'il a
su inspirer.

Ainsi, avant Bakounine, c'est le prolétariat
français qui s'était mis à l'école de Proudhon.
Maintenant, qu'on lise les ouvrages de Bakounine,
on n'y verra comme idées sociales que les idées de
Proudhon. En ce qui regarde les moyens pratiques
de faire passer dans la vie des peuples ces théories
communes à l'un et à l'autre, et qui viennent à l'un
de l'autre, Bakounine est beaucoup plus révolutionnaire quant aux procédés; il entend faire plus
vite, et le souci des formes légales, dont Proudhon
était plus respectueux, quoique sans idolâtrie, ne
l'arrêtait pas un instant. Aussi peut-on conclure
avec M. Diehl que « la doctrine de Bakounine n'est
à un certain point de vue que la doctrine de Proudhon, mise à la russe » (1).

Il faudra se souvenir de ce jugement, qui doit
nous servir encore tout à l'heure. Quand un certain
anarchisme se développera postérieurement en
France, par le fait d'hommes qui auront connu
Bakounine et ses amis, ce sera encore Proudhon

---

(1) Diehl, *P.-J. Proudhon*, II, p. 322.

qui sera à l'origine de ce mouvement, sans qu'on soit d'ailleurs en droit de confondre son anarchisme avec celui de Henry ou de Ravachol, pas plus que le christianisme de saint Jean avec celui de Grégoire VII, de Calvin ou d'Alexandre VI Borgia.

Et Kropotkine lui-même, quoique moins redevable à Proudhon, comme Proudhon est souvent présent à sa pensée ! On connaît sa réponse au procès de Lyon, en janvier 1883, quand le président lui reprochait d'avoir donné naissance à l'anarchie : « On me fait trop d'honneur. Le père de l'anarchie, c'est l'immortel Proudhon » (1).

------

(1) *Id., ibid.*, III, p. 211, n. 1, d'après Plékhanoff.

III

Cette question éclaircie, revenons sur nos pas pour étudier la fortune du proudhonisme auprès des organisations ouvrières françaises.

Jusqu'à la guerre de 70-71, la faveur de Proudhon subsiste. Dans la Commune de Paris entrent un certain nombre de ses disciples et amis, parmi lesquels Charles Beslay, si droit, si simple, si probe, si désintéressé, si courageux, si humain, qu'il nous fait aujourd'hui l'effet d'un être mythologique. Que pouvaient là, et dans ces circonstances, Beslay et les autres proudhoniens, eussent-ils été l'unanimité ? A en croire M. Paul Lafargue, l'échec de la Commune consomma la ruine du proudhonisme, comme les journées de Juin celle du socialisme utopique. On s'étonne de voir que le premier de ces deux jugements a été reproduit par un homme tel que M. Antonio Labriola, qui a fait grief aux proudhoniens de la Commune de n'avoir pas appliqué les doctrines de leur maître (1). Si M. Labriola

---

(1) Antonio LABRIOLA, *Essais sur la conception matérialiste de l'histoire*, Paris, 1902, p. 36. — V. BOURGIN, *Proudhon*, p. 81.

avait été de la Commune, qu'aurait-il fait pour le marxisme? Au surplus, son oracle, Marx, n'a-t-il pas glorifié les tendances de la Commune, qui voulait réaliser le libre gouvernement des producteurs ?

Ces terribles événements, guerre étrangère et guerre civile, massacre et proscription des insurgés, arrêtèrent un moment l'effort d'organisation et d'émancipation ouvrières.

Le premier Congrès ouvrier qui se tint sous la troisième République n'eut lieu qu'à la fin de 1876, à Paris (1). Il excita une attention extraordinaire. Il faudrait tirer les choses à soi pour affirmer que la doctrine qui y prédomina, autant qu'il y en eut une, ait été exclusivement ou même essentiellement proudhonienne ; mais elle le fut pour la plus grande part : esprit pacifique et légalitaire, crainte et éloignement de tous politiciens, réprobation des grèves, condamnation de l'intérêt servi au capitaliste oisif, revendication pour l'ouvrier du produit intégral de son travail, action de classe du prolétariat, développement des associations ouvrières, et, par dessus tout, une méfiance de l'État, qui fut peut-être le trait le plus remarqué de ce Congrès, où cependant l'intervention de l'État fut

----

(1) V. Georges WEILL, *Histoire du mouvement social en France (1852-1902)*, Paris, 1904 ; Léon BLUM, *Les Congrès ouvriers et socialistes français*, Paris, 1901.

requise. Le *Temps* du 5 octobre 1876 notait le fait et l'expliquait en ces termes : « La nécessité de cette intervention se retrouve au fond de la plupart de ces plans ; mais ils font de continuels efforts pour se le dissimuler à eux-mêmes, tant a été grande l'influence de Proudhon sur le personnel socialiste. »

Les blanquistes de Londres témoignèrent à cette modération du premier Congrès un mécontentement qui s'exprima en termes violents. Les dissensions du socialisme français commençaient à la même heure où recommençait sa vie de parti. Il y eut cependant une trêve, grâce au 16 mai, qui réunit les ouvriers à la bourgeoisie pour défendre Marianne contre la réaction cléricale et peut-être royaliste (1877).

Après que les élections du 14 octobre 1877 eurent renvoyé à la Chambre la majorité républicaine, le marxisme s'affirma dans le journal l'*Égalité*, fondé par Jules Guesde, et dont le premier numéro parut le 18 novembre suivant. Naturellement, les rédacteurs de l'*Égalité* ont pensé, dit et écrit que c'est leur journal « qui a seul donné l'impulsion au mouvement socialiste révolutionnaire actuel » (1).

Quelque envie qu'on puisse avoir de s'en re-

----

(1) Gabriel DEVILLE, *Le « Capital » de Karl Marx*, Paris, Flammarion, sd., p. 9.

mettre à leur témoignage, il est difficile de rapporter à leur influence de deux mois l'esprit révolutionnaire du Congrès ouvrier, qui s'ouvrit à Lyon le 28 janvier 1878. Là, le titre de Parti socialiste ouvrier fut pris pour la première fois par le prolétariat organisé. Le délégué Ballivet préconisa la sécession de la plèbe : éloignons-nous de toutes les manifestations de la vie bourgeoise. Il entendait, comme Proudhon, que la démocratie ouvrière ébauchât, dans le sein même de la société capitaliste, l'organisation de la société libre de l'avenir, afin que, le jour où le développement social aurait amené la mort de la société bourgeoise, la société nouvelle fût à côté, toute prête pour la remplacer. D'ailleurs, un instant après, le même délégué, de concert avec un faux-frère qui avait mission de compromettre le Congrès, proposait un ordre du jour invitant les associations ouvrières à étudier les moyens pratiques pour mettre en application le principe de la propriété collective du sol et des instruments du travail. Jusque là, les deux doctrines antagonistes se pénétraient mutuellement ou se balançaient.

Mais le marxisme triompha en 1879, à Marseille, dans un Congrès où Pelloutier notait plus tard une déviation politique de l'action ouvrière (1). Il fut

____

(1) Fernand PELLOUTIER, *Histoire des Bourses du Travail,* Paris, 1902, p. 50. Il entendait par là l'intrusion et la prépo-

le maître, en 1880, au Congrès régional de Paris, où l'Union fédérative du Centre fit voter un programme arrêté par Marx en personne. Toutefois, il faut remarquer que parmi les groupes qui y figurèrent, il s'en trouvait d'anarchistes, représentés notamment par Jean Grave.

Un des articles du programme politique qui y fut voté, préconisait bien l'autonomie communale, admise par un Marx converti ou averti. Mais l'esprit d'autorité, inhérent au marxisme, et qui, chez nous, a toujours apporté avec lui sa négation, n'allait pas tarder à se manifester dans les publications et les actes de ses principaux représentants, tendant à inquiéter l'autonomie régionale et l'égalité fédéraliste que le Congrès de Marseille avait consacrées.

En novembre 1880, au Havre, après la scission des éléments modérés, les anarchistes, réunis aux collectivistes, votèrent le programme marxiste minimum, comprenant la socialisation de la matière première et de l'instrument du travail, mais en le faisant précéder d'une déclaration selon laquelle une dernière expérience électorale serait faite en 1881 ; en cas d'insuccès, on se réduirait

---

tence, dans les Congrès ouvriers, d'hommes qui n'étaient pas ouvriers et qui voulaient conduire les ouvriers. Après le Congrès de Paris, qui suivit, l'Union fédérative du Centre admettait, outre les travailleurs manuels, « tous les groupes » qui adhéreraient à ses statuts.

à l'action révolutionnaire proprement dite. C'était l'abandon proudhonien de l'effort marxiste pour la conquête des pouvoirs publics.

Le besoin d'autonomie des Fédérations et même des Comités généraux constitués dans les circonscriptions, la répulsion contre le programme arrêté par Marx et qui était peu propice au succès des campagnes électorales en France, se manifestèrent avec force au Congrès de Reims (1881). Le duel politique de l'Internationale recommençait. Le danger parut assez grand aux marxistes pour faire reparaître l'*Égalité* (11 décembre 1881), qui se déclara franchement et « scientifiquement » centralisatrice, et se donna comme tâche de démolir « cette dernière forme du bourgeoisisme, ces idées ennemies, qui, sous leur ancien nom de fédéralisme, sous leurs noms nouveaux de communalisme et d'autonomie, hantent encore un certain nombre de cerveaux ouvriers ».

C'est ainsi que Guesde rétablissait entre Proudhon et Benoît Malon, révolté contre cet autoritarisme, un lien dont ce dernier n'avait pas conscience et qu'il aurait répudié. De là, des querelles et des luttes, où les possibilistes Joffrin et Paul Brousse, — un ancien bakouniste, — appuyés par Allemane, défendaient l'autonomie des Fédérations contre les dictateurs politiciens et centralisateurs, et qui aboutirent en septembre 1882, dans le Congrès de Saint-Étienne, à une scission violente.

De l'histoire confuse qui suit, nous ne dégagerons que quelques faits caractéristiques. En 1886, la Fédération possibiliste du centre décide la création d'une Bourse centrale du Travail, à Paris, et manifeste la volonté d'exercer sa propagande dans le sens de l'organisation économique. Le premier Congrès de la Fédération des syndicats se réunit à Lyon la même année. Au Congrès du Bouscat-Bordeaux, tenu en 1888 par cette Fédération, est proposée pour la première fois la grève générale, destinée à remplacer la conquête des pouvoirs publics pour réaliser la révolution. En 1891, le Congrès national du Parti ouvrier socialiste révolutionnaire, sous l'inspiration d'Allemane, réclame « l'anéantissement des personnalités » (1), met l'action politique au second plan, comme un simple moyen d'agitation, et marque sa préférence pour l'action syndicaliste et économique.

Ceux qui, aujourd'hui, proclament la génération spontanée du « syndicalisme » actuel, consentent cependant à reconnaître une période pré-syndicaliste (2), où ils veulent bien distinguer l'action du militant énergique, clairvoyant, ouvrier et humain que fut toujours et qu'est encore le citoyen

------

(1) PROUDHON, *Corresp.*, V, 316 : « Je suis la négation des personnalités. »

(2) *Syndicalisme et Socialisme*, Paris, 1908, Appendice, par M. Hubert LAGARDELLE, p. 61.

Allemane. En fait, c'est une genèse qui commençait, et dont nous venons de signaler les faits primordiaux. Le syndicalisme allait naître, quand la ruine du boulangisme permit à l'action ouvrière de reprendre sa logique et son indépendance.

Nous sommes arrivés à cette année 1892 où M. Bourguin demandait : « Qui pense encore à Proudhon ? » C'est précisément en 1892 qu'eut lieu à Saint-Étienne le premier Congrès de la Fédération des Bourses du Travail (1), et c'est précisément dans cette organisation ouvrière que devait bientôt jouer un rôle essentiel un jeune bourgeois de Bretagne, voüé par raison et par passion à l'émancipation du prolétariat, comme Proudhon, et destiné comme lui à périr, mais plus jeune, dans son effort libérateur, Fernand Pelloutier.

Pelloutier devint, en 1895, le secrétaire général de la Fédération des Bourses du Travail. Homme d'action et de pensée, il remplit ces fonctions avec un dévouement sans bornes, et fonda une doctrine de construction et de propagande à laquelle M. Georges Sorel attribue justement une impor-

----

(1) « A partir de ce jour, il y a en France un mouvement syndical réellement autonome ». Paul DELESALLE, *La Confédération générale du Travail,* Paris, 1907, p. 4.

tance capitale dans l'histoire de la pensée et de
l'action ouvrières (1). Pelloutier fut en réalité
l'accoucheur du « syndicalisme », que d'autres
baptisèrent dans la suite. A qui donc se rattache-
t-il, dans sa philosophie sociale ?

A Marx, a répondu M. Georges Sorel (2). Et
cette affirmation est stupéfiante. Le biographe qui
a collaboré avec M. Sorel à l'édition posthume de
l'œuvre de Pelloutier, raconte dans sa notice comment Pelloutier, ayant quitté Saint-Nazaire pour
Paris dans les premiers mois de 1893, « ne tarda
pas à se séparer du parti marxiste, séduit par les
idées libertaires qu'il ignorait presque au fond de
sa province, et qu'il embrassa sous l'influence des
écrivains et des camarades anarchistes qu'il eut
l'occasion de fréquenter dès son arrivée dans la
capitale, au centre même du mouvement ». Ainsi,
Pelloutier cesse d'être marxiste; c'est après être
devenu anarchiste qu'il conçoit la nouvelle action
révolutionnaire ; les hommes qui coopèrent avec
lui, « il est extrêmement remarquable qu'ils ne
connaissaient le marxisme que d'une façon super-

---

(1) Fernand PELLOUTIER, *Histoire des Bourses du Travail,*
avec notice biographique par Victor Dave, et préface par
Georges Sorel, Paris, 1902. V. les témoignages rendus à Pelloutier par ses camarades dans *IXe Congrès des Bourses du
Travail,* Nice, 1901.

(2) G. SOREL, *La Décomposition du Marxisme,* Paris, 1908,
pp. 57 sqq.

ficielle » ; cette constatation est de M. Sorel, et cependant M. Sorel conclut que « la nouvelle école » rétablit le marxisme dans sa pureté, en le débarrassant de tout ce qui n'était pas spécifiquement marxiste.

Au contraire, nous pensons, nous, que l'influence de l'anarchisme sur Pelloutier l'amena à Proudhon, par ses disciples russes et leurs élèves ou camarades français. Toute l'expression de sa pensée le montre imbu des idées de Proudhon, comme l'a dit justement Daniel Halévy (1), et la lecture de ses écrits nous le fait voir fréquemment retenant jusqu'à la lettre des écrits de Proudhon.

Les citations mêmes de M. Sorel réfutent M. Sorel. Ainsi, Pelloutier engageait ses amis, nous dit l'un d'eux, « à poursuivre plus méthodiquement que jamais l'œuvre d'éducation morale, administrative et technique nécessaire pour rendre viable une société d'hommes libres » (2).

Une œuvre d'éducation morale ! pourquoi pas une

---

(1) *Essais sur le mouvement ouvrier au XIXᵉ siècle*, p. 282.

(2) Cf. PROUDHON, *Corresp.*, IV, p. 259, lettre du 21 mars 1852 : « Au fond, tout en me tenant prêt à profiter de tous les raccrocs politiques, je n'attends rien que d'une éducation progressive des masses... Apprenons au peuple la loi du travail, les effets de l'échange, du crédit, les abus de l'autorité ; apprenons-lui à former des traités de commerce, des sociétés de participation, de garantie, etc. ; voilà la vraie révolution. » Ceci écrit, il est vrai, au lendemain du 2 décembre.

société protectrice des animaux ? aurait demandé Marx (1) — nonobstant le fameux paragraphe du *Manifeste* de l'Internationale, sur la Vérité, la Justice, la Morale, servi à tant de sauces. — Pourquoi pas une société protectrice des petits teigneux? aurait demandé son disciple Jules Guesde. Et l'on renonce à imaginer la proposition énorme qu'aurait trouvée M. Paul Lafargue, pour exprimer son mépris, devant cette évocation des « grues métaphysiques ».

Il faut encore, disait Pelloutier, cité par M. Sorel, « prouver expérimentalement à la foule ouvrière, au sein de ses propres institutions, qu'un gouvernement de soi par soi-même est possible, et aussi l'armer, en l'instruisant de la nécessité de la révolution, contre les suggestions énervantes du capitalisme ». Ce programme n'est-il pas un résumé fidèle des enseignements — « nébuleux », selon M. Bourguin — de la *Capacité politique des classes ouvrières*, et, à une date antérieure, du *Manuel du spéculateur,* dans la partie relative aux associations ouvrières, si hautement anarchiste et morale, si franchement révolutionnaire, où l'on se demande comment l'Empire a laissé Proudhon appeler « la secousse finale » (2) ? En écoutant Pelloutier,

------

(1) *Manifeste communiste,* trad. ANDLER, § 67.

(2) *Manuel du spéculateur à la Bourse,* Paris, 1869, p. 417. — BOURGUIN, dans *Séance de rentrée des Facultés de Lille,*

nous dit M. Sorel, les docteurs marxistes criaient
à l'anarchisme ; on le croit sans peine, et M. Sorel
les eût bien étonnés, en criant alors au marxisme,
comme il l'a fait en 1908.

Dans l'article des *Temps nouveaux*, que M. Paul
Delesalle consacra à Pelloutier, mort le 13 mars
1901, mort, comme Proudhon, de travail et de
dévouement à la cause ouvrière, l'auteur résumait
ainsi le dessein de son ami : « Opposer à
l'action politique une action économique forte,
puissante, tel était le rêve qu'il avait conçu, et qui,
prenant corps, est devenu une réalité. » En face
de l'anarchie égoïste et inorganique, Pelloutier,
partisan comme Proudhon « de l'ordre dans l'humanité », membre comme Proudhon de « ce parti
indéfectible de l'ordre », le seul parti révolutionnaire vraiment français (1), suppliait les indivi-
dualistes opposés à l'action syndicale de respecter
ceux qui croient à la mission révolutionnaire du
prolétariat éclairé, de poursuivre plus activement,
plus méthodiquement et plus obstinément que

1902, p. 39, n. 1 : « *La Capacité politique des classes ouvrières...* est une œuvre molle et nébuleuse qui ne pouvait évidemment pas avoir la prétention de devenir, comme *Le Capital*
(sic), la Bible des travailleurs. »

(1) *La Justice dans la Révolution et dans l'Église*, Paris,
1858, t. III, p. 580.

jamais « l'œuvre d'éducation morale, administrative et technique nécessaire pour rendre viable une société d'hommes libres ».

C'est la phrase citée tout à l'heure que nous retrouvons là. M. Sorel y découvrait la marque d'une opposition marxiste à l'anarchie. On y voit en fait l'opposition de l'anarchie positive et mutualiste de Proudhon, reprise par Bakounine, à l'anarchie destructive ou personnaliste d'individus qui veulent se venger ou satisfaire leur moi sans entrave.

Dans cette *Histoire des Bourses du Travail*, partout on respire l'esprit de Proudhon ; à tout endroit l'on retrouve ses opinions, et parfois ses formules. Pelloutier reprend les idées de Proudhon sur l'importance extraordinaire de la statistique. Il assigne à la Révolution ce devoir, de supprimer la valeur d'échange, le capital qu'elle engendre, les institutions qu'elle crée. Pelloutier ne peut imaginer la société future que comme « l'association volontaire et libre des travailleurs ». Il cite Proudhon sur « l'Autorité en décroissance continue, la Liberté en ascension ». Aù régime actuel d'autorité, il voit succéder un système « où la hiérarchie gouvernementale, au lieu d'être posée sur son sommet, soit carrément établie sur sa base ». Et il se reprend à citer Proudhon, afin de prouver que les conditions de ce système sont remplies par les associations ouvrières, qui « réalisent le principe fédératif, tel que l'ont formulé Proudhon ou Bakounine », Bakounine après Proudhon et d'après Proudhon.

« Nous voici, ajoute Pelloutier, au terme de notre étude. » Et nous aussi, en ce qui le concerne, quand nous aurons ajouté au résumé de sa doctrine ou de ses plans le rappel de deux faits significatifs. Action économique, action ouvrière, esprit de révolte, indépendance absolue à l'égard de tous, ennemis ou amis, horreur des lois et des dictatures, « y compris celle du prolétariat », l'anarchiste Proudhon aurait souscrit à ce programme et applaudi au dernier article (1), qui eût été sans doute moins agréable à Marx, visé en pleine poitrine par cette rétorsion de sa formule niée.

Au sixième Congrès de la Fédération des Bourses (Toulouse, 1897), on fit effacer à Pelloutier cette phrase d'un rapport: « Tant que les travailleurs de cette région, n'ayant pas éprouvé l'impuissance de l'action politique... » Au huitième Congrès, qui se tint à Paris en 1900, à l'unanimité, il était décidé que la Fédération ne devait adhérer en aucun cas à un groupement politique, ceci pour

---

(1) On sait ce que Proudhon a dit des lois, et ce qu'il pensait d'une tyrannie populaire : « Je ne veux pas plus de l'Hercule plébéien que de l'Hercule gouvernemental. » *La Guerre et la Paix*, t. I, p. 19.

répondre et pour se soustraire à l'unification du Parti socialiste décidée en décembre 1899 au premier Congrès général des Organisations socialistes françaises, où déjà un proudhonisme moins intransigeant que celui de Pelloutier contre l'action politique avait lutté avec vigueur, par la voix du Franc-Comtois Ponard et du Bourguignon Marpaux, contre l'autoritarisme marxiste, pour la liberté de l'individu, de la commune, des groupements provinciaux (1).

Nous en venons à la Confédération générale du Travail.

Quelques-uns de ses principaux conducteurs, hommes d'ailleurs remarquables et que je n'ai nulle intention de railler, aujourd'hui moins que jamais, veulent absolument que la C. G. T. soit une création spontanée, sans antécédents, sans auteurs, comme si dans l'histoire il y avait des commencements pour d'autres que pour les croyants de la Genèse. Ce sentiment est bien humain. Les grands inventeurs ou initiateurs, les croyants de tout ordre,

---

(1) BOURGIN, *Proudhon,* p. 87 ; G. WEILL, ll., pp. 313 sqq. ; Daniel HALÉVY, ll., pp. 235 sqq. ; v. PELLOUTIER, le *Congrès général du parti socialiste français,* Paris, 1900. — Dès 1895, le Congrès de Limoges, où fut constituée provisoirement la C. G. T., avait prescrit aux éléments de ce nouvel organisme l'éloignement de toutes écoles politiques.

sans qu'il leur soit nécessaire d'avoir l'imagination prestigieuse d'un Fourier, pensent volontiers que le monde est venu au monde avec leur foi, ou même qu'ils sont capables de le mettre au monde.

M. Griffuelhes (1), par exemple, s'étonne du curieux spectacle que lui offrent des esprits bizarres, occupés à relier les origines du mouvement syndicaliste, les uns « aux principes posés par la conception anarchiste », les autres à la conception socialiste. A son avis, bien entendu, « le mouvement ouvrier actuel ne remonte à aucune de ces sources ; il ne se rattache directement à aucune des conceptions qui voudraient se le disputer ; il est le résultat d'une longue pratique créée bien plus par les événements que par les hommes ».

Les recherches historiques de ce genre sont peut-être d'une curiosité livresque ; les écrivains socialistes en sont peut-être friands à l'excès, et les hommes d'action ont sans nul doute des tâches plus pressantes ; mais enfin un syndicaliste pur ou un socialiste syndicaliste conscient peut y donner ses moments perdus, et surprendre M. Griffuelhes en avançant que les événements d'où est sortie la C. G. T. ne se conçoivent même pas sans les hommes qui y ont pris part, en pensant,

____

(1) GRIFFUELHES, *L'Action syndicaliste*, Paris, 1908.

en agissant, en subissant, en réagissant. Cette « longue pratique » dont il parle, c'est précisément la préparation de la C. G. T., qui a demandé plus d'efforts et de génie aux architectes de sa préhistoire qu'aux maçons de la dernière heure, œuvre collective d'ailleurs, sur laquelle personne, même parmi les plus grands et les plus méritants, n'a le droit de mettre son seul nom, comme le sculpteur sur la statue qu'il a façonnée.

Peut-être M. Griffuelhes n'a-t-il rien voulu dire de plus, auquel cas nous sommes d'accord. Je doute que M. Georges Yvetot et M. Paul Delesalle soient prêts à concéder à qui que ce soit que, même du dehors, l'influence syndicaliste de Pelloutier n'a pas été grande sur la C. G. T., dont au surplus il désirait la réunion, opérée seulement après sa mort, avec la Fédération des Bourses (1). Et, par Pelloutier, nous remontons à Proudhon, à son action diffuse sur la mentalité du prolétariat français, à son action personnelle et reconnue sur le vrai promoteur du syndicalisme français.

----

(1) Réunion nécessaire, disait-il, pour qu'il y eût véritablement Confédération générale ; v. *8e Congrès de la F. N. des Bourses du Travail*, Paris, 1900, p. 28. En 1901, Niel proposait cette réunion, en s'appuyant de l'opinion de Pelloutier ; Yvetot s'y opposait, en invoquant l'opinion de Pelloutier ; il semble bien que c'était Niel qui le comprenait le mieux ; v. *9e Congrès des B. du T.*, Nice, 1901, pp. 44, 47, 60.

M. Hubert Lagardelle a mis des arguments historiques, en apparence du moins, au service de la
même thèse (1). Il prétend prouver que « le mouvement syndicaliste révolutionnaire ne date réellement que de 1900-1901 », et il offre à ce sujet
les témoignages « des syndicalistes et des anarchistes les plus autorisés ».

Ce genre de preuve est d'ordre théologique, et
l'exposition de faits propres à démontrer cette
absolue nouveauté serait plus convaincante. Dans
le discours qu'il a prononcé au Congrès socialiste
de Nancy sur le syndicalisme, M. Lagardelle a fait
voir seulement que le syndicalisme a rallié à lui des
anarchistes et des socialistes, en amenant les premiers à l'action concertée et positive, en dégoûtant
les autres de la politique électorale ; or, ce fut là
justement le programme et le succès de Pelloutier.
Le souvenir de Pelloutier gêne visiblement M. Lagardelle, d'autant plus que M. Sorel a maintes fois
vanté la grandeur de l'œuvre accomplie par l'ancien
secrétaire fédéral des Bourses du Travail. Mais
quoi ? Pelloutier aboutissait à une contradiction
« en mettant à la base des institutions syndicales
les subventions des pouvoirs publics ». Et voilà
comment la C. G. T. est démontrée originale, grâce
à une équivoque, et au prix d'une injustice.

----

(1) *Syndicalisme et Socialisme*, Paris, M. Rivière, 1908,
pp. 60 sqq.

M. Lagardelle ignore-t-il que plus d'une Bourse du Travail, adhérente à la C. G. T., continue à recevoir, huit ans après la mort de Pelloutier, des subsides municipaux et départementaux ? D'autre part, Pelloutier et la Fédération des Bourses regardaient le subventionnement comme un mal nécessaire au début, mais dont il importait de se délivrer au plus tôt. Malheureusement, le remède était plus facile à souhaiter qu'à trouver. Dès 1896, on le cherchait à Tours. On le cherchait encore en 1901, à Nice, où on étudiait « les moyens propres à assurer la vitalité des Bourses par elles-mêmes » ; en attendant, avec une parfaite dignité, M. Georges Yvetot, successeur de Pelloutier, mort quelques mois auparavant, jugeait que les Bourses pouvaient encore accepter l'argent des pouvoirs publics, « si, pour l'obtenir, il n'est exigé de nous aucune bassesse et si, pour l'employer, nous n'avons à subir aucun contrôle blessant » (1).

Telle est aujourd'hui encore la pratique ; il n'y a donc pas lieu de l'invoquer pour renier Pelloutier.

Pelloutier comme principal auteur, Proudhon comme ancêtre et inspirateur, voilà des ascendants dont il semble qu'il n'y a pas lieu de rougir. A la

____

(1) 5ᵉ *Congrès de la F. N. des B. du T.*, Tours, 1896, p. 25 ; 9ᵉ *Congrès, etc.*, Nice, 1901, pp. 97 sqq.

date même où l'historien du syndicalisme fixe la naissance du syndicalisme, la C. G. T. semblait vouloir publier sa dette envers Proudhon, lorsqu'au commencement de décembre 1900, elle donnait à son journal nouveau-né ce titre proudhonien : *La Voix du Peuple.*

IV

Mais il y a des pères, et même des mères, dit-on, qui reculent devant leurs enfants, parce qu'ils les trouvent monstrueux. Quel serait le sentiment de Proudhon, regardant et jugeant la C. G. T. ? A une question de ce genre, un esprit sérieux refusera de donner une réponse assurée ; mais les conjectures sont permises.

Si Proudhon survivait, tel qu'il vivait et pensait en 1864, nul doute qu'il serait surpris, alarmé, indigné par une certaine entente de la grève générale, par certaines modalités de l'action directe. Mais Proudhon, comme tout être humain, aurait évolué, et l'action de la vie transforme parfois nos idées au point de nous rendre méconnaissables à autrui, sinon à nous. Qui eût dit à Proudhon, en 1840, qu'il était destiné à prendre contre lui-même la défense de la propriété, en eût été mal reçu.

Victor Considérant, le disciple du doux Fourier, le rédacteur de la *Démocratie pacifique,* avait flétri,

en 48, ce qu'il appelait les violences de Proudhon :
« Je vous trouve, dans la sphère des idées et des
principes, ce caractère mystérieux, fatal et sacro-
saint que de Maistre trouvait à la guerre dans le
domaine des faits, et qu'il retrouvait dans la conception antique et quasi-pontificale du BOURREAU...
Votre nom historique et extérieur est Érostrate,
votre nom intime est bien plus sinistre encore ;
vous vous appelez DESTRUCTION. Cela, je le sais,
et vous en jouissez, constitue une grandeur. Cette
grandeur, je ne la conteste pas, et je vous plais
en constatant ici que l'histoire ne conteste pas non
plus la grandeur d'Attila (1). » Quarante-deux ans
plus tard, le 1ᵉʳ mai 1890, arrivé à un âge où l'on
devient ordinairement plus modéré, le même Considérant saluait de paroles enthousiastes les prolé-
taires organisés de l'ancien et du nouveau monde,
quittant l'usine et l'atelier pour fêter ensemble
l'aube de la révolution sociale.

Une vaste association ouvrière, ramifiée dans
tout le pays, et prenant une part essentielle à
la direction de la vie ouvrière ! Mais, pourrait dire
Proudhon, c'est-ce que j'ai proposé moi-même le 4
et le 5 mai 1848, la veille et le jour de l'ouverture de
l'Assemblée nationale. Et je n'attendais pas, comme
votre Congrès d'Amiens, les temps à venir, pour

___

(1) *Les Socialistes peints par eux-mêmes*, Besançon, Jac-
quin, sd. (1848), p. 2.

faire de cette association et de ses comités régio-
naux « le groupe de production et de répartition ».
Lisez plutôt (1) :

« Citoyens, la patrie est en danger !
« Je propose qu'un comité provisoire soit installé
pour l'organisation de l'échange, du crédit et de la circulation entre les travailleurs ;
« Que ce comité se mette en rapport avec des comités analogues, établis entre les principales villes de
France ;
« Que, par les soins de ces comités, une représentation du prolétariat soit formée à Paris, *imperium
in imperio*, en face de la représentation bourgeoise ;
« Qu'une société nouvelle soit fondée au milieu de la
société ancienne ;
« Que la charte du travail soit immédiatement mise
à l'ordre du jour, et les principaux articles définis dans
le plus bref délai ;
« Que les bases du gouvernement républicain soient
arrêtées et des pouvoirs spéciaux délégués aux représentants des travailleurs ;
« Citoyens, la République est aux abois ; le gouvernement ne peut rien pour vous. Mais vous pouvez tout
pour vous-mêmes : j'en fais serment devant Dieu et
devant les hommes ! »

On dira qu'entre l'organisation proposée en ces
termes et la C. G. T., les différences sont grandes.
D'accord. Mais les principes de vie et d'action

---

(1) *Mélanges*, I, pp. 25, 28.

indépendantes, d'anarchisme antipolitique et de révolution sociale, sont les mêmes de part et d'autre. Reste le mode d'action. Nous sommes révolutionnaires, disait Proudhon, mais pas bousculeurs. Sur quoi on a voulu lui faire une réputation de souffre-tout. En réalité, il était hostile aux violences, non à la violence.

On a rapporté plus haut ce vœu du *Manuel du spéculateur :* « Vienne la secousse finale ! » Il l'appelait de tout son cœur. Mais il l'entendait de « l'effort nécessaire pour faire tomber de vieilles branches, pour donner de l'air à des créations jeunes et pleines de vie, pour assurer la victoire à des institutions ayant fait leurs preuves ». Cette définition si heureuse est de M. G. Sorel (1).

De lui aussi, cette formule qui résume, dit-il, l'action du socialisme contemporain : combattre en édifiant (2). Proudhon jugerait peut-être que la C. G. T. combat beaucoup plus qu'elle n'édifie ; que certains de ses dirigeants, à force d'exalter les minorités, finissent par croire qu'on peut faire la révolution, à cent ou à mille, avec le seul esprit révolutionnaire pour arme, comme le bon Cabet croyait qu'on peut fonder la cité nouvelle avec la

---

(1) *L'Éthique du Socialisme,* dans *Revue de métaphysique et de morale,* 1899, p. 289.

(2) *La Ruine du monde antique,* p. 276.

seule fraternité ; qu'il y a quelque contradiction à tenir des congrès corporatifs pour y vitupérer l'action corporative au profit de la seule action syndicaliste, comme si on ne refroidissait pas les soldats d'une armée en leur interdisant de trop penser à l'augmentation de leur maigre ration quotidienne et de porter les yeux ailleurs qu'au terme de la bataille universelle et séculaire pour l'égalité.

« La société future nous indiffère », disait un placard de Jaunes, affiché sur les murs de Besançon, pendant la grève des Soieries de Chardonnet, en juillet dernier. Les syndicats allemands, si dédaignés de nos syndicalistes révolutionnaires, rendent la société présente plus supportable à leurs adhérents, en créant des institutions de secours et de solidarité, qui leur attachent la masse, sans faire oublier le but final à la minorité consciente.

Proudhon avait assisté aux massacres de Juin. Là, ce stoïcien, qui s'était vanté naguère de ne jamais pleurer, fut vu le visage baigné de larmes. De tels spectacles laissent au cœur des hommes vraiment humains une horreur du sang versé qui les rend plus retenus à engager des luttes civiles. Tel, le citoyen Vaillant, ancien soldat de la Commune, au dernier anniversaire du 18 mars, dans un discours public, déclarait avec une sincérité vraiment courageuse, vu la faveur où est encore « la blagologie révolutionnaire », qu'il ne désirait pas voir le retour de ces tristes combats.

Proudhon avait fini par donner dans ses rêves
une forme pacifique à la révolution qu'il appelait.
La voici telle qu'il la conçut, qu'il la vécut, qu'il
en jouit un jour d'octobre 1864, en pensant à la
formation toute récente de l'Internationale.

Des yeux de l'âme, il regardait la démocratie
ouvrière refusant de payer la dette publique, et
provoquant ainsi la bienheureuse catastrophe ; tour
à tour, dans tous les États, les banques et les
sociétés financières s'écroulaient ; la débâcle gagnait
toute l'industrie, tout le commerce et l'agriculture ;
c'étaient ensuite les gouvernements qui se dissi-
paient en fumée ; et Proudhon exhalait ainsi sa joie :
« Je crois, cher ami, que, si chétif que je sois, je
vivrai assez longtemps pour assister à cette débâcle
dont le dernier mot, je me hâte de le dire, sera un
rafraîchissement universel. La terreur sera immense ; il y aura, par milliers, des gens qui mour-
ront de peur, frappés d'apoplexie ou désespérés de
leur ruine. Au fond, qu'y aura-t-il de perdu ? Rien,
pas un grain de blé, pas un morceau de betterave,
pas un fragment de fer ou de houille, pas un fil de
soie, coton, laine ou chanvre. Nos livres seront
brûlés, voilà tout. Les grandes propriétés pourront
bien éclater en morceaux ; en ce qui touche les
petites propriétés, il n'y aura pas un patrimoine
d'usurpé ni de confondu (1). »

---

(1) Lettre du 9 octobre 1864, *Corresp.*, t. XIV, p. 65. — En

'A un homme animé de tels sentiments, malgré son éloignement des grèves, qui sait si la grève générale n'aurait pas souri, telle du moins qu'on l'avait projetée d'abord, « la grève des bras croisés » (1), telle que Pelloutier l'avait définie et justifiée au Congrès de Tours, en 1892 ?

Pelloutier expliquait que « le peuple n'avait jamais acquis aucun avantage aux révolutions sanglantes, dont ont seuls bénéficié les agitateurs et la bourgeoisie ; qu'en présence d'ailleurs de la puissance militaire mise au service du capital, une insurrection à main armée n'offrirait aux classes dirigeantes qu'une occasion nouvelle d'étouffer les revendications sociales dans le sang des travailleurs ». Et il concluait « que parmi les moyens pacifiques et légaux inconsciemment accordés au parti ouvrier pour faire triompher ses légitimes aspirations, il en était un qui doit hâter la transformation économique et assurer, sans réaction

---

1861, dans *La Guerre et la Paix* (Paris, 1869, t. I, p. 240), Proudhon avait accepté délibérément l'éventualité d'une lutte armée : « Dans l'ordre civil même, le droit de la force est loin d'avoir dit son dernier mot. Lui seul peut terminer le débat soulevé depuis une trentaine d'années entre la classe dite bourgeoise qui s'en va, et la classe ouvrière et salariée qui vient tous les jours. Que ce soit par une bataille ou par une constitution consentie, peu importe ; il faut que le régime du travail, du crédit et du commerce, change... »

(1) *Parti ouvrier socialiste révolut., XIVe Congrès national,* Paris, 1897, p. 22.

possible, le succès du quatrième Etat ; que ce moyen est la suspension universelle et simultanée de la force productrice, c'est-à-dire la grève générale, qui, même limitée à une période relativement restreinte, conduirait infailliblement le parti ouvrier au triomphe des revendications formulées dans son programme » (1).

Au Congrès socialiste de Nancy (1907), Jules Guesde, pour confondre les syndicalistes, opposait, comme timide, ce ménagement du sang ouvrier, voulu par un des leurs, à sa conception plus mâle de la révolution à coups de fusil.

Les chefs du syndicalisme sont encore aristocrates comme l'était Proudhon. C'est lui qui leur a enseigné, directement ou par l'intermédiaire de leurs théoriciens intellectuels, le mépris du démocratisme et l'opposition de la démocratie au socialisme.

Sans parler de ses attaques de fond, il écrivait

---

(1) N'ayant pu mettre la main sur la brochure du Congrès de Tours (non plus que sur celle du Congrès de Marseille, 1892, où l'éloquence de M. Briand fit acclamer la grève générale), je cite Pelloutier d'après le discours de Jules Guesde à Nancy, dans *Le Parti socialiste et la Confédération du travail*, Paris, Rivière, 1908, pp. 38-40. — On sait que Jaurès a trouvé chez Mirabeau l'idée de la grève générale. Victor Hugo, dans *l'Histoire d'un Crime* (32e éd., I, p. 252), rapporte qu'Émile de Girardin préconisait la grève universelle et pacifique comme moyen de résistance au coup d'État.

telles choses que ceci dans ses lettres : « Ce qu'il
y a de plus arriéré, de plus rétrograde, en tout
pays, c'est la masse, c'est ce que vous appelez la
démocratie. » Et ceci encore : « Les masses, dans ce
qu'elles ont accompli de passable, ont toujours été
poussées, sollicitées, ostensiblement ou secrète-
ment, par des esprits d'élite formés dans leur
sein. » Ainsi dit Proudhon (1).

Ainsi dit et fait M. Pouget, en expliquant comment la C. G. T. agit d'après cette donnée d'obser-
vation (2). Il commence bien par déclarer que la
C. G. T. n'est pas un organe de direction, mais
seulement d'impulsion ; chez elle, tout et tous sont
autonomes, individus, syndicats, fédérations, bourses du travail. Au rebours des organismes démo-
cratiques, où, par la mécanique du suffrage universel, la direction est conférée aux inconscients,
aux tardigrades, le syndicat syndicaliste ne réunit
qu'une minorité dans la corporation ; plus serait
trop ; car le non-vouloir d'une masse amorphe,
réfractaire, inconsciente, paralyserait toute action.
Cette minorité syndiquée imprime donc l'impulsion
aux non syndiqués. Mais ne se pourrait-il pas en

____

(1) Lettre du 8 oct. 1852, *Corresp.*, V, 57. Il faut d'ailleurs
noter que cette lettre est écrite sous l'impression encore per-
sistante de l'indifférence des faubourgs au récent coup d'État.

(2) *La Confédération générale du Travail*, Paris, 1908,
pp. 23, 35.

outre que parfois, dans cette minorité, ce soit
encore une minorité qui entraîne la majorité ?
Tant mieux, pense M. Pouget ; ce sont les cons-
cients, les révoltés, les courageux, les désintéressés,
ceux qui risquent leur pain et leur peau pour les
autres. A la bonne heure ; c'est une élite. Mais ne
dissimulons pas qu'ils sont dirigeants, s'ils méritent
de l'être et s'ils le sont. Seulement, qu'il ne soit pas
indifférent à ces généraux d'avoir des sous-ordres
disposés à suivre activement leur direction, comme
le leur conseillait Jules Guesde, à Nancy.

L'antipatriotisme, tel que l'expose et veut le
justifier par exemple M. Griffuelhes (1), paraîtrait
vraisemblablement à Proudhon mal compris et
contraire à l'intérêt de la Révolution.

Non qu'il fût patriote à la façon commune, celui
qui a écrit : « Je serais homme à immoler ma patrie
à la justice, si j'étais forcé de choisir entre l'une et
l'autre », ou encore : « Périsse la patrie, et que
l'humanité soit sauvée (2) ! » M. G. Sorel s'est
trompé, je crois, quand il assurait, en soulignant,
que Proudhon a lutté contre l'unification italienne
dans un intérêt national (3). Toute sa crainte d'alors

---

(1) *L'Action syndicaliste*, Paris, 1908, pp. 37 sqq.

(2) *Corresp.*, VI, pp. 155-156 ; *La Fédération et l'Unité en
Italie*, Œuvres compl., t. XVI, Paris, 1868, p. 159.

(3) *Quelques mots sur Proudhon*, Cahiers de la Quinzaine,
13ᵉ de la 2ᵉ série, p. 26.

était de voir constituer un État jeune, ambitieux,
entreprenant, dirigé par un gouvernement fort, et
qui fût tenté d'engager ou d'aggraver des guerres
politiques, propres à reculer la révolution sociale et
la fédération du genre humain.

Il eût résolu sans doute le problème du patriotisme politique comme il a fait celui du patriotisme
économique : vous et nous, égalisons, ici nos moyens
de production et d'échange, là notre aversion du
nationalisme et notre volonté de paix ; après quoi,
on pourra causer et se pénétrer mutuellement ;
mais si quelqu'un du dehors ou de chez nous venait
nous inviter à désarmer nos douaniers et nos soldats
sans réciprocité, c'est qu'il ne nous prendrait pas
pour des moitiés de bêtes. « Le peuple qui se livre-
rait seul au passage de la théorie à l'acte serait
vainement compromis, et l'antimilitarisme ferait
le jeu des puissances les plus réactionnaires et les
moins imbues de l'esprit moderne en Europe (1). »

---

(1) *Mouvement Socialiste*, juillet 1907, p. 45. — Cf. PROU-
DHON, *La Fédération et l'Unité en Italie*, Œuvres compl.,
t. XVI, 1868, p. 132 : « La France donnera quelque jour au
monde le signal du désarmement : c'est un honneur qui paraît
lui être réservé ; c'était le rêve secret de la République. Mais
ce sera à la condition, bien entendu, que, tandis qu'elle désar-
mera, les autres n'armeront point ; que, tandis qu'elle licen-
ciera ses armées, décentralisera son administration, organi-
sera ses communes....., d'autres, pendant ce temps-là, ne se
concentreront et ne se fortifieront pas sournoisement contre
elle. » V. *ibid.*, p. 199.

Ce jugement d'un syndicaliste révolutionnaire allemand, M. Robert Michels, paraît exprimer l'opinion probable de Proudhon sur l'antipatriotisme du syndicalisme français.

Et l'idéologie proudhonienne ! et la morale proudhonienne !

La vue du label confédéral, avec sa devise *Bien-être et Liberté*, suggérerait à Proudhon des réserves. La liberté d'abord, s'il vous plaît. Bien-être, oui ; « mais je suis de ceux qui ne voient dans la richesse que le matérialisme de la liberté, son premier terme, son plus bas échelon... Je regarde les avantages matériels comme néant, s'ils ne sont *commandés* par les principes de l'honneur et de la justice » (1).

Le syndicalisme, et en général le socialisme français, ont du chemin à faire pour rejoindre, sur la route de la justice, la philosophie morale de Proudhon. Le marxisme a longtemps incliné ses adhérents à regarder la morale comme « un monstre abominable » (2). Il n'a pas moins discrédité, sous le nom d'idéologie, la philosophie des idées, odieuse aux chefs qui ne veulent pas être discutés, tels que Napoléon et Marx. Deux effets contraires au génie

---

(1) *Corresp.*, IV, p. 241 ; V, 244.

(2) G. Sorel, *Y a-t-il de l'utopie dans le marxisme ?* Revue de métaphysique et de morale, 1899, p. 158.

de notre race, aussi bien qu'au progrès chez nous de la cause socialiste ; deux effets qui, par bonheur, sont en train de s'user, au fur et à mesure que nous revenons à nous-mêmes.

Pour nos mœurs actuelles, c'est un professeur de morale bien rude et bien exigeant que Proudhon ; mais si nous voulons tendre aux vertus républicaines (1) sans lesquelles il n'y aura jamais que d'illusoires révolutions sociales, nul ne peut mieux nous y aider que Proudhon, égal aux plus grands moralistes de n'importe où, mais bien de chez nous, Français jusqu'aux moëlles, et par là plus propre que qui que ce soit à guider les Français que nous sommes.

---

(1) *Corresp.*, VIII, p. 293, à Beslay, 18 nov. 58 : « Il est temps, ou jamais, d'être de vrais républicains, c'est-à-dire de pratiquer la vertu ; sinon, je ne comprends pas pourquoi nous ne nous rallierions pas à l'Empire. » Dans un passage souvent cité des *Contrad. Econ.*, Proudhon, dès 1846, avait prouvé par l'exemple des portefaix de Lyon, que le règlement de la vie sociale comporte d'autres questions que celles de nourriture. Dans *La Guerre et la Paix*, son impératif, en même temps que son idéal, est pauvreté et travail, d'où vertu. Le droit à la paresse, qu'un marxiste et demi a revendiqué (que leur fortune préserve les partis populaires de courtisans et de corrupteurs semblables !) lui aurait paru le droit à la crapule, au pourrissement, à la crevaison honteuse. Il aurait aimé, pensons-nous, cette petite *Histoire de quatre ans*, où Daniel Halévy a émis sur ce sujet tant de vérités, profondes ou fines, conformes à Proudhon dans leur morale, et avec la pensée de Proudhon visiblement présente en maint endroit.

Il est fâcheux en revanche qu'il ait laissé germaniser et mécaniser son idéologie par la dialectique hégélienne, géniale et maniaque (1); mais ce goût même des idées, que Bakounine lui reprochait, est encore de notre pays, et Karl Marx, après Henri Heine, l'avait remarqué avec quelque surprise chez nos ouvriers, qui l'ont conservé à travers l'éclipse marxiste. Hier encore, un littérateur du syndicalisme tentait de persuader aux travailleurs manuels que leur action doit procéder d'elle-même, c'est-à-dire sans doute être instinctive ou impulsive, ainsi qu'à l'âge de la pierre, comme si l'idée n'avait pas sa grande part aujourd'hui dans la direction du monde, l'idée conditionnée sans doute par la vie, mais la conditionnant à son tour.

On se rafraîchit et on se rassure, en lisant tel article écrit en réponse par un ouvrier manuel, comme celui qu'a donné dans *l'Humanité* du 11 juin 1908 le citoyen Louis Niel, sur *la Valeur sociale du syndicalisme*. Il faudrait transcrire ici tout entier cet article d'une simplicité pénétrante, d'une philosophie supérieure, d'une moralité proudhonienne, où ce typographe de province donne une si bonne leçon à tous ceux qui le lisent, mais en

---

(1) « Révolutionnaire scolastique », mot frappant de Raphaël Périé, qui d'ailleurs a exprimé une très vive admiration pour les idées supérieures de Proudhon ; v. *Pages libres*, numéro 136, du 8 août 1903.

particulier à l'idéologue sans le vouloir, qui ratiocine si péniblement sur la spontanéité nécessaire de l'action.

Niel, syndicaliste qualifié, nous y apprend que, dans les milieux syndicalistes, on discute beaucoup sur cette question : le Syndicalisme et l'Idéologie. Les uns ne veulent connaître dans la vie sociale que des forces économiques en lutte les unes contre les autres pour la satisfaction de besoins physiques et matériels ; pour les autres, le moteur moral, animé par le sentiment et l'idée, est seul capable de mettre le syndicalisme en mouvement. « Qui eût cru, ajoute Niel, que le syndicalisme élèverait un jour nos discussions à ces hauteurs philosophiques ? Il faut nous en réjouir tout de même, d'abord parce que cela marque un progrès de l'intellectualité des travailleurs, ensuite parce qu'il n'y a rien de tel pour fixer de mieux en mieux la véritable doctrine du syndicalisme intégral. »

Quant à lui, il n'est ni pour l'une ni pour l'autre de ces deux thèses ; la sienne est purgée d'absolu, comme dirait Proudhon ; comme dirait encore Proudhon, elle est la synthèse des deux autres.

Le syndicalisme est d'origine économique, c'est entendu ; il est né des « questions de ventre », soit ; mais s'il se bornait « à cet objet purement matérialiste, sans s'inspirer de sentiments moraux, qui, seuls, peuvent donner à son action une suite et une intelligence », il ne serait qu'un épisode entre mille de cette lutte pour la vie que mène en tout temps et en tous lieux la bestialité des animaux. Or, nous sommes des animaux, oui, mais des animaux d'une espèce particulière ; et précisément, ce qui nous distingue des autres, c'est que nous sommes toujours en quête de progrès, grâce à nos « sentiments moraux et d'idéologie », tandis que nos frères inférieurs, satisfaits s'ils ont trouvé le bien-être physique, nous laissent aspirer au mieux-être social, dont ils n'ont même pas la conception, et ignorent notre volonté « d'embellir notre vie toujours davantage dans toutes ses manifestations » (1).

Encore une fois, ces sentiments moraux, qui nous sont propres, naissent des faits économiques et se modifient avec eux. « Mais dire qu'une fois nés, ils n'auront aucune influence en retour sur les faits économiques d'où ils sont sortis, serait aussi stupide que de dire qu'un enfant, à aucun moment de sa vie, ne pourra avoir aucune influence sur la mère qui lui donna le jour. »

Or, se demande Niel en terminant, le syndicalisme peut-il faire naître ou cultiver ces sentiments. Et il conclut par l'affirmative, en ces termes :

______

(1) Cf. la page si curieuse des *Contrad. Écon.* (II, p. 378), sur l'homme « animal façonnier » ; cf. *Philos. du Progrès,* X, pp. 64 sqq.

Le syndicalisme provoque et développe les meilleurs des sentiments moraux. En forçant l'ouvrier, l'éternel exploité, à se redresser contre le patron, l'éternel exploiteur, il fait naître le sentiment de dignité. En élevant la conscience du salarié jusqu'à la conception d'une société sans patronat, il provoque la haine de l'esclavage et l'amour de la liberté. En groupant les travailleurs contre le mal commun, il leur prouve les dangers de l'isolement, l'impuissance de l'égoïsme inconscient, l'impossibilité de l'individualisme à la mode bourgeoise, et développe en eux cet indispensable sentiment de solidarité sans lequel toute vie sociale sera toujours utopique.

Enfin, le syndicalisme développe, intensifie et épure, de plus en plus, le sentiment de justice. Car rien n'est plus de nature à exalter le sentiment de justice que de mettre sous les yeux ou dans le cœur même des travailleurs la conviction de l'injustice. Et y a-t-il injustice plus grande, plus évidente, plus réelle, dans une société humaine où le travail seul fait vivre, que de voir ceux qui produisent ce travail vivre le plus misérablement ou ne pas vivre du tout, à côté de ceux qui vivent somptueusement sans produire de travail ? Et quel est le milieu qui peut mettre cela en évidence mieux que le syndicalisme ?

La valeur sociale du syndicalisme est donc triple. Elle est politique par les répercussions de l'action syndicale sur les actes purement politiques de nos États et de nos sociétés. Elle est économique d'essence, par la source du syndicalisme, son terrain d'action, sa forme d'organisation et son but principal. Elle est morale, par les sentiments que le syndicalisme développe au détriment de celui de résignation et au bénéfice d'un plus pur qui les résume tous : le sentiment de révolte.

Il semble bien que, sauf un ou deux froncements de soùrcil, Proudhon lirait cette page avec ravissement. Est-ce dans ses livres, est-ce dans la vie que Niel a retrouvé sa philosophie ? Mais, à coup sûr, il l'a retrouvée. Ce matérialisme économique, ou mieux cette explication économique de l'histoire, que Proudhon a enseignée à Marx (1), contre le

-----

(1) Je ne ferai pas autant d'état que Mülberger de certains textes qu'il allègüe, en particulier du chapitre de la *Lettre à M. Blanqui*, où Proudhon explique comment la propriété est la cause première et immédiate de l'histoire de Sparte, Rome et Athènes. C'est un enseignement que Laboulaye avait donné à Proudhon. Proudhon l'aurait déjà trouvé dans Linguet, qu'il paraît avoir ignoré, mais que Marx a bien connu (*Capital*, traduction Roy, Paris, sd., p. 271). Toute la partie de la *Création de l'ordre* relative à l'histoire est à voir avec soïn, pour comprendre la suggestion qu'elle a pu donner à un esprit comme celui de Marx. Je renvoie à Mülberger (*P.-J. Proudhon, Leben und Werke*, pp. 58, 59), pour y trouver des textes instructifs des *Contradictions économiques*. J'apporte les suivants, qui me paraissent plus décisifs : *Contrad. Écon.*, I, p. 319 : « L'origine économique de la religion » ; *Mélanges*, t. I, p. 157 (extrait du numéro 2 du *Peuple*, commencement de novembre 48) : « Toutes-nos idées sur la religion, la métaphysique, la morale, le droit, le gouvernement, l'association, l'art lui-même, toute notre polémique, en un mot toute notre philosophie découlera de ce grand principe de l'égalité des fonctions, principe dont le premier corollaire est l'improductivité du capital ; la première application, la gratuité du crédit, correspondante à l'abolition de tout parasitisme et de tout privilège ; le premier et le plus grand résultat, la formation de l'individu à l'image de la société. — *Or, si l'antique religion, si les systèmes rebattus de la philosophie, si les anciennes constitutions politiques, si la routine judiciaire, si*

préjugé courant, mais sans réduire à rien ou à presque rien, comme Marx, l'action ou la réaction des phénomènes dits spirituels engendrés par l'éco-

---

les vieilles formes de communauté et d'association, aussi bien que de littérature et d'art, n'ont été que des formules particulières de l'état matériel des sociétés, n'est-il pas évident que, cet état venant à changer, en d'autres termes, l'économie politique étant révolutionnée de fond en comble par le changement de rapport entre les deux grandes forces de la production, le travail et le capital, tout change dans la société, religion, philosophie, politique, littérature et arts. »; — Confessions d'un révol., p. 198 : « Comme toute philosophie, toute religion, est l'expression métaphysique ou symbolique de l'économie sociale, la Banque du Peuple, changeant la base matérielle de la société, préludait à la révolution philosophique et religieuse. » — *Idée générale de la Révol. au XIXᵉ siècle,* pp. 265-266 : Proudhon travaille à combler la lacune de la religion, démontrée nulle et impuissante, et il pose (en italiques) cette équation : « *L'Etre suprême est à X comme le régime gouvernemental est au régime industriel.* » — L'étude, telle qu'elle a été faite jusqu'à présent, des rapports de pensée entre Proudhon et Marx, demande des compléments sérieux, dont celui-ci peut donner une idée partielle.

Admettra-t-on ici une note de pure critique littéraire ? En l'année 48, Taine, ainsi que son ami Prévost-Paradol, suivait avec attention les articles de Proudhon. Proudhon a pu être pour lui un professeur, ou au moins un répétiteur de hégélianisme. Cette théorie de l'*Entwickelung*, dont Proudhon faisait dans ce deuxième numéro du *Peuple* une application à la vie sociale, Taine à son tour va l'employer (après une thèse hégélienne sur La Fontaine, dont on ignore en général la première rédaction) à constituer la méthode de la critique littéraire, telle qu'il l'exposera dans les préfaces des *Essais de critique et d'histoire,* en attendant qu'il y revienne, au t. V de la *Littérature anglaise,* dans l'étude sur Carlyle.

nomie sociale ; cette idée, née de l'action et retour-
nant à l'action ; cette répudiation d'une existence
matérialiste, ce souci de la dignité, ce respect et cette
exaltation de la justice, ce mépris de la résignation
lâche, cette glorification de l'esprit de révolte, c'est
l'âme de Proudhon, ce sont les termes mêmes de
Proudhon.

On ne peut pas être sûr de ces choses là. Mais
j'entends Proudhon, après la lecture de cet article,
· tenant à Niel le langage qu'il prêtait un jour à
Dieu, au Dieu de progrès, heureux de voir l'homme,
son successeur, marcher sans lisières enfin, dans
sa majesté et dans sa force : « Courage, mon cher
fils ; tu es digne de moi (1). »

Pendant ce temps, les théoriciens du syndicalisme,
c'est-à-dire les rédacteurs du *Mouvement socialiste*,
prennent aussi des inspirations de Proudhon, et
certains d'entre eux l'aiment avec ferveur. Ayant
questionné le citoyen Édouard Berth sur ce mouvement de néo-proudhonisme, dont M. Georges
Sorel avait bien voulu m'avertir, j'ai reçu de lui
une réponse, dont il faut transcrire les termes
mêmes, si l'on n'en veut pas affaiblir le sens et
l'instruction. Je l'aurais donnée ici tout entière,
avec sa permission, si je n'avais pas su qu'il fera

---

(1) *La Justice*, 1858, t. III, p. 605.

connaître en détail sa pensée sur Proudhon, dans un *Cahier de la Quinzaine,* au temps du centenaire. Je me contente d'en extraire les passages les plus caractéristiques :

« Je ne saurais vous dire toute l'admiration, et le mot admiration est encore bien froid, que le grand révolutionnaire bisontin m'inspire. J'ai pour Proudhon un véritable culte; il est pour moi beaucoup plus qu'un esprit et une intelligence; c'est une conscience, un homme, *vir,* dans toute la force du terme. Jamais, je crois, écrivain ne donna à ce point la sensation de la force, de la virilité, de la santé. Marx, à côté de lui, n'est qu'une intelligence, géniale si l'on veut, et tant qu'on voudra, mais une intelligence seulement, et avouons que c'est peu. Nietzsche, pour qui j'ai aussi la plus vive admiration, et que j'ai également beaucoup pratiqué, a des parties de dilettante, de décadent même, d'impressionniste, des parties de malade, en un mot. Proudhon est toute force, toute santé; c'est un vrai mâle; philosophe, moraliste, critique littéraire, pamphlétaire, il est tout cela, et avec quelle puissance, avec quelle vigueur !

« Nous assistons, en ce moment, à une sorte de remontée de Proudhon, et comment ne pas s'en réjouir ? Si une lecture peut faire du bien en ce moment, c'est assurément *sa* lecture. Maintenant que le prestige du socialisme allemand est plutôt en baisse et que notre syndicalisme révolutionnaire s'est imposé à l'attention, je crois que le moment est venu de *ressusciter* tout à fait Proudhon, dont la pensée, si française, est mieux adaptée, je crois, que celle de Marx, à notre mouvement ouvrier. Le point qui me paraît essentiel en tout cas, c'est de remettre en honneur la morale, si

longtemps et si sottement mise de côté par nos marxistes. Et qui pourrait mieux servir à une telle œuvre
de régénération morale que notre Proudhon, que l'on
peut, je crois, estimer sans exagération un des plus
grands moralistes que la France ait produits ?

« Revenir à Proudhon, ce serait, pour le socialisme,
revenir à la santé. »

Oui, revenir à Proudhon, ce serait, pour le socialisme, revenir à la santé, et marcher au succès.

Un parti qui ajouterait à la bonté et à la beauté
de la cause révolutionnaire le respect de la Justice
dans ses jugements et dans ses actes, en s'efforçant d'inculquer à ses adhérents l'amour de la
vertu, en même temps que l'esprit de révolte, serait
un parti invincible.

Ce programme a plus de chances, hélas ! de
donner à rire que de passer dans les faits. N'importe ! il faut travailler à le propager, en attendant
et en espérant malgré tout son succès.

Mettons donc Proudhon, si nous le pouvons, à
l'ordre du jour du socialisme. Heureux et bien-
faisant, qui saura présenter au peuple une image
fidèle du grand révolutionnaire, rapporter l'essentiel de sa pensée avec exactitude, et faire entendre
un écho de sa voix, irritée souvent et plus d'une
fois brutale, mais toujours franche, haute et pénétrante, jusqu'au jour où elle fut brisée par la mort,
seule capable d'imposer silence à l'infatigable dé-
fenseur du Travail frustré et opprimé !

PIERRE-JOSEPH PROUDHON

Pierre-Joseph Proudhon naquit le 15 janvier 1809, à Besançon, patrie du babouviste Momoro et du phalanstérien Charles Fourier, dans la rue du Petit-Battant, n° 930, et non au faubourg de la Mouillère, comme l'a prouvé M. Georges Gazier. Le quartier de Battant était à ce moment-là peuplé presque entièrement de vignerons, journaliers, petits industriels, petits bourgeois, petits propriétaires, en un mot, de tout ce qui constituait alors par excellence la vraie race bisontine, telle que Proudhon la caractérisait, et dont il se disait un exact échantillon.

Son père, Claude Proudhon, garçon tonnelier, était originaire de Chasnans, près de Nods, dans le Doubs, au pays haut des sapins ; un brave homme, laborieux, honnête, mais de tête médiocre, et peu économe.

Sa mère, Catherine Simonin, cuisinière, de Cordiron, dans la plaine, sur la limite du Doubs et de la Haute-Saône, a paru à d'autres yeux qu'aux yeux de son fils une femme supérieure ; elle pétrissait, lessivait, repassait, cuisinait, tricotait et raccommodait pour toute la maisonnée, soignant en outre et trayant la vache ; malgré la pauvreté de son éducation rustique, intelligente et d'un sens hors ligne, d'une délicatesse morale plus grande encore. On la remarquait, a écrit Pierre-Joseph, pour ses idées et ses vertus républicaines.

Elle-même était la fille d'un paysan que son humeur indépendante et sa résistance hardie aux exactions de la noblesse avaient rendu célèbre dans la région avant 89 ; du nom du régiment où il avait servi en Hanovre, ceux de son village l'avaient baptisé Tournési ; Proudhon l'a immortalisé sous ce sobriquet.

Le petit-fils ressemblait au grand-père par le front, les yeux, le franc rire et la large poitrine, par le courage aussi, l'amour de la bataille et l'impatience de toute tyrannie. Tout le monde a vu l'image de Proudhon.

Un frère de son père, dénommé l'oncle Brutus, à cause de son entêtement, et le Cudot, à cause de ses entreprises mal engagées, fut comme une ébauche caricaturale de Pierre-Joseph. C'était un homme fort intelligent et communément d'un grand bon sens, mais hanté par certaines visions auxquelles il ajouta foi toute sa vie. Il croyait qu'il existait contre sa famille et lui, depuis le temps de François Ier, un vaste complot dont l'épiscopat était l'âme. Il avait pour maxime que la religion est aussi nécessaire à l'homme que le pain, aussi pernicieuse que le poison. Un de ses fils devint fou en 1847; le pauvre vieux n'avait pas la tête beaucoup plus solide, quand il s'en alla un peu après.

Une branche de la famille Proudhon, qui eut son représentant le plus notable dans le jurisconsulte François-Victor Proudhon, comme pour vérifier cette loi d'opposition ou d'antinomie, dont Pierre-Joseph fit la clé de l'histoire et le principe de la logique, donna une lignée pieuse, gouvernementale, conservatrice et riche.

Claude Proudhon, le père, après avoir travaillé au compte d'autrui, s'était établi et vendait *au pot renversé* de la bière qu'il fabriquait. Le brave homme interdisait aux filles légères de séjourner dans son débit, où elles auraient cependant attiré la pratique; il fournissait à ses clients une bonne boisson qu'il faisait payer au juste prix, en se réservant seulement le remboursement des matières premières et le salaire de sa journée; il eût cru voler, s'il avait prélevé davantage sur l'acheteur.

Proudhon rapportait à ce temps de sa vie et aux mœurs commerciales de son père ses premières méditations sur l'économie politique, qu'il inventait alors, comme jadis Pascal la géométrie, et son idée de la valeur *constituée*. Mais ces souvenirs d'enfance de Proudhon ne doivent être acceptés qu'avec certaines réserves, et sauf corrections, selon cette « loi de mirage », si finement posée par M. Georges Sorel. De même, et au rebours, Fourier racontait que sa haine du commerce agioteur lui était née dès l'enfance, quand il entendait dans la boutique de son père les mensonges destinés à tromper le client.

Chez son père, brasseur, Pierre-Joseph fut garçon de cave ; la brasserie louée, chez son père paysan, il devint bouvier. Cela veut dire qu'il aida ses parents à fabriquer et à encaver leur bière, puis à garder une vache ou des vaches, ce que font avec tant de joie les enfants des riches en vacances chez des paysans pauvres ou serrés. C'est le temps heureux du premier âge de Proudhon. Il était si loin de s'en plaindre qu'il a dit plus tard : « Quel exil pour moi, quand il fallut suivre les cours du collège ! » On sait les merveilles des pages qu'il a écrites sur ses journées de petit berger. Il resta paysan toute sa vie, défiant à l'égard des gens de la ville, regardant de travers les maisons à plus d'un étage, aimant à citer le patois bousbot, dont on peut encore entendre les derniers accents dans son quartier de Battant, insoucieux de sa mise, pourvu qu'elle fût propre, attentif à établir le mien et le tien.

Un ami de son père lui obtint une bourse d'externe au collège royal de Besançon, où il entra après Pâques 1820, dans la première division de l'enseignement mutuel. C'est le curé de la Madeleine qui présenta au proviseur, un autre prêtre, son jeune paroissien et catéchumène.

Proudhon fit des études brillantes. Il eut l'excellence en 7e, 6e, 5e, 3e, 2e, et toujours il se maintint parmi les premiers de sa classe. Le travail devait cependant lui être parfois bien difficile ; car il n'y avait pas d'argent à la maison pour lui acheter des livres. Il allait nu-tête au collège, faute de chapeau ; il ôtait ses sabots à la porte de la classe, après avoir achevé sur une borne, dans la rue, le devoir du jour, avec des bouquins empruntés à quelque camarade. Il avait la ressource de la riche bibliothèque municipale, où il demandait ouvrage sur ouvrage, tant que le conservateur Charles Weiss l'en reprit doucement un jour : « Mais que voulez-vous faire de tant de livres, mon petit ami ? — Qu'est-ce que ça vous fait ? » répliqua l'enfant, le sourcil froncé. Et Weiss battit en retraite, avec une sorte de respect destiné à se changer en paternelle affection.

Les années 1821, 1822, 1823, 1824 furent pénibles à Claude Proudhon et à sa famille. Dans ses moments de loisir, le collégien sarclait les pommes de terre, battait en grange, afin d'épargner des journées de manœuvre ; au temps des vacances, il allait au bois chercher une provision de cercles pour son père, qui avait repris la tonnellerie. Il ne rechignait pas à la tâche ; mais il réfléchissait sur l'existence qui lui était faite, si différente de celle que menaient ses camarades. Il en voulut à l'Église, qui enseigne et consacre la distinction des classes, c'est-à-dire l'inégale répartition de la richesse. Il eut honte de sa pauvreté et en rougit. L'indignation succéda, d'abord émulation de s'élever au niveau des heureux par le travail et l'intelligence, puis, la vanité de cette tentative lui ayant apparu, colère, qui le conduisit à rechercher mieux que Rousseau l'origine et le remède de l'inégalité des conditions et des fortunes. Sans haine d'ailleurs contre les personnes ; car il conserva des relations cordiales avec plusieurs de ses camarades riches : Gauthier, un grand entrepreneur de transports ; Abram, un notaire, qui voulut faire de lui un député du Doubs, en 48.

Par ces débuts si pénibles, Sainte-Beuve a justifié contre les étonnements candides et les indignations niaises d'hommes gâtés par la vie, l'emportement avec lequel Proudhon s'élança dans la suite à l'assaut d'une société marâtre au labeur et au génie de tant de miséreux comme lui.

En 1826, le jour des prix, couronné par le recteur, en l'absence de ses parents, quand le lauréat rentra dans la maison paternelle, il apprit la perte d'un procès qui leur coûtait le champ dont vivait la famille. « Qui sait, a-t-il écrit à ce propos, s'il n'a pas tenu à l'existence d'une bonne institution de Crédit foncier que je restasse toute ma vie paysan et conservateur ? » Ce jour-là, on dîna de pain et d'eau chez les Proudhon.

Cependant, Pierre-Joseph fit encore sa rhétorique, étudiant chez lui les auteurs de philosophie, et suivant, à la Faculté, les cours de l'abbé Astier, vraisemblablement afin de passer son baccalauréat à la fin de l'année. On peut croire que l'argent manqua pour acquitter les droits d'examen. Son père alors représenta qu'il était temps, pour ce grand garçon, de penser à gagner sa vie : c'est ainsi que Proudhon devint typographe, dans les derniers mois de 1827.

En 1829, grâce à son gain, la famille put manger à l'aise. Il se croyait alors, en regardant son outil, au-dessus de la misère, de la faim, de la dépendance. « Je me souviens encore avec délices de ce grand jour, où mon *composteur* devint pour moi le symbole et l'instrument de ma liberté. Non, vous n'avez pas l'idée de cette volupté immense où nage le cœur d'un homme de vingt ans, qui se dit à lui-même : *J'ai un état ; je peux aller partout. Je n'ai besoin de personne.* »

Il ne devait pas tarder à apprendre qu'un bon ouvrier peut aller partout offrir ses bras et sa tête, sans trouver à les exercer, et que Malthus n'a pas interdit en vain le banquet de la vie à nombre de ceux qui n'y ont pas leur place marquée d'avance.

ANNÉES DE JEUNESSE

Le détail de la vie ouvrière de Proudhon est encore mal connu. Apprenti à l'imprimerie de Bellevaux, à Battant, il travailla ensuite dans la maison Gauthier, puis chez Deis. Il fut maître d'études quelques semaines au collège de Gray. A la fin de 1830, il quitta Besançon ; son livret d'ouvrier, que Sainte-Beuve a eu entre les mains, porte, pour les années 1831 et 1832, des attestations patronales de Neuchâtel (Suisse), de Marseille, de Draguignan ; à Toulon, où il arriva avec 3 fr. 50 en poche, il somma le maire de le faire embaucher. Entre temps, il avait en vain cherché de l'ouvrage à Paris, où sévissait le choléra. Il trouva une place à Arbois, où une lettre du respectable phalanstérien Just Muiron vint lui proposer la rédaction du journal bisontin l'*Impartial*, en remplacement de Xavier Marmier ; il refusa. Il revint en 1833 à Besançon. Dans les notes, intitulées *Mémoires sur ma vie,* il a écrit : « 1833, 1834. Années heureuses, grâce à mon travail. » Il était devenu prote dans la maison Gauthier. Avec 100 francs par mois, il faisait vivre sa famille dans l'aisance ; vingt-huit ans plus tard, il constatait qu'avec trois ou quatre fois autant, il arrivait juste à nourrir sa femme et ses filles.

On devine que le typographe Proudhon ne bornait pas son labeur à composer et à corriger. Dans les intervalles de son travail manuel, et même à l'occasion de son travail, quand il ne se délassait pas au flanc des belles collines qui bordent le Doubs, il lisait et réfléchissait, avec une incroyable ardeur de curiosité, avec une égale fécondité de méditation. En 1829, il apprenait seul l'hébreu, et ébauchait sur les langues des études dont il espérait un peu plus tard une révolution de la grammaire et de la philosophie. Il s'occupait de théologie et commençait à approfondir les Ecritures. Les problèmes de la métaphysique le passionnaient. Il vit Fourier corrigeant les épreuves du *Nouveau monde industriel,* et amusa l'atelier par ses boutades sur la doctrine du bonhomme.

En 1832, il avait arrêté, sauf retouches, les grands traits de sa doctrine politique et religieuse, où l'on croit démêler une influence saint-simonienne, à côté d'idées qui n'appartiennent qu'à lui : pyrrhonisme complet à l'égard de tous les ministères présents et à venir ; devoir d'apprendre aux populations à faire elles-mêmes leurs affaires et à préparer la confédération des peuples ; sentiments irrévocables de républicain, mais anti-robespierriste — voilà déjà l'anarchiste fédéraliste ; — résolution d'écrire contre la religion, telle que l'ont faite les théologiens ; refus de croire à la décadence des nations, qui n'est que l'infamie des gouvernements ; résignation pour vingt ou trente ans à la monarchie constitutionnelle, à condition qu'elle maintienne la paix ; contentement d'être un artisan.

Ainsi pensait cet ouvrier de vingt-trois ans, qui agitait sans doute bien d'autres idées dignes de retenir l'attention. Un jeune savant, dont il corrigeait le latin, Fallot, saluait avec émotion son génie et lui promettait de hautes destinées, dans le monde de l'esprit. « Que je devienne Platon, répondait Proudhon, et vous serez Socrate. » On touchait encore à ces années romantiques où Julien Sorel rêvait d'être un Napoléon, et où Jules Janin voyait les jeunes gens se baisser en passant sous l'Arc de Triomphe de l'Etoile.

En 1836, pour son malheur, Proudhon devint patron, en compagnie de l'imprimeur Lambert et de Maurice, dont l'amitié, jusqu'au bout fidèle et agissante, lui fut une bénédiction. Gravement malade en 1836-1837, il dut renoncer au travail de l'atelier et émigrer en bon air à Montrapon, dans la banlieue de Besançon, où il écrivit un *Essai sur la grammaire générale*, publié en 1837, œuvre scientifique où l'imagination tenait trop de place et qu'il désavoua bientôt.

Maurice n'était pas du métier ; Lambert n'avait pas de tête ; l'établissement commun périclita.

Proudhon était à Paris, quand on lui annonça, en juin 1838, le suicide de Lambert. Il vint en hâte à Besançon, où il espérait se débarrasser au plus tôt de son imprimerie. Il n'y devait réussir que cinq ans plus tard, avec une perte sensible, c'est-à-dire avec des dettes, puisqu'il n'avait pas de capital.

Cette expérience malheureuse lui resta présente à l'esprit ; sans doute, il y pensait encore dans les derniers mois de sa vie, lorsqu'il représentait aux ouvriers, en lutte avec les petits patrons aussi bien qu'avec les gros, qu'ils ne voyaient que leurs propres angoisses et qu'ils ne se doutaient pas des tribulations bourgeoises. Ah oui ! le petit bourgeois ! dira la malveillance perfide ou la critique moutonnière. Homme de justice ! dira la vérité. En tout cas, révolutionnaire aussi résolu que jamais personne n'a été.

En 1838, n'ayant plus rien à espérer des affaires, il se mit sur les rangs pour obtenir une pension triennale, fondée par la veuve de l'académicien Suard et décernée par l'Académie de Besançon à un jeune homme capable de pousser à fond ses études. Il fallait d'abord être bachelier. Proudhon passa le pont aux ânes, le 16 mai 1838, avec la mention *extrêmement faible* pour les sciences ; les notes de lettres et surtout de philosophie compensaient. Le 23 août, il était élu.

Ce choix, avantageux pour lui, était singulièrement honorable pour la compagnie pieuse et conservatrice qui l'avait nommé et qui ne devait pas tarder à regretter son vote. Proudhon, d'ailleurs, ne l'avait pas prise en traître. Il terminait ainsi le *curriculum vitæ* qu'il avait eu à présenter comme candidat : « Né et élevé dans la classe ouvrière, lui appartenant encore, aujourd'hui et à toujours, par le cœur, le génie et les habitudes, et surtout par la communauté des intérêts et des vœux, la plus grande joie du candidat, s'il réunissait vos suffrages, serait, n'en doutez pas, messieurs, d'avoir attiré dans sa personne votre juste sollicitude sur cette intéressante portion de la société, si bien décorée du nom d'*ouvrière*, d'avoir été jugé digne d'en être le premier représentant auprès de vous, et de pouvoir désormais travailler sans relâche, par la philosophie et par la science, avec toute l'énergie de sa volonté et la puissance de son esprit, à l'affranchissement complet de ses frères et compagnons. » On demanda seulement à Proudhon de corriger quelques mots de cette profession de foi, où l'on ne sut pas discerner une résolution farouche de révolutionnaire. Renouvier, dur à Proudhon, trouvait une excuse à ses violences « dans sa pensée constante de derrière la tête, son sentiment premier et profond de prolétaire, son dévouement à la cause du peuple, *son serment* ».

Proudhon, félicité d'avoir ainsi gravi le premier échelon de la fortune, s'indigna contre les complimenteurs qui lui montraient, ouverte devant lui, la carrière des places, des honneurs, ou de la littérature. Il n'aspirait pas à descendre. Il n'oubliait pas qu'il se devait avant tout à la cause des pauvres, à l'affranchissement des petits, à l'instruction du peuple, quitte à être en abomination aux riches et aux puissants.

Le premier sacrifice qu'il fit à son devoir social, fut de dire adieu à une jeune fille qu'il aimait chèrement. « C'est trop aujourd'hui, écrivait-il huit ans plus tard, de vouloir la justice et d'aimer une femme. » Il découvrait là son histoire. Bien longtemps après, il évoquait son exemple pour encourager un jeune homme à rompre des engagements désavoués par sa famille, quelque déchirement de cœur qu'il en dût ressentir.

Ce que fut cet amour de Proudhon, il est permis de le conjecturer par quelques lignes admirables des *Contradictions économiques* : « Quel souvenir pour un cœur d'homme parvenu à l'arrière-saison, d'avoir été dans sa verte jeunesse le gardien, le compagnon, le participant de la virginité d'une jeune fille. Le siècle a pris en pitié ces vraies voluptés ! » Il expliqua à son amie, apparemment sans la convaincre, que son premier devoir était de travailler à réformer un régime social où il n'était pas permis à un jeune homme honnête, à une jeune fille pure, de consacrer leur amour par le mariage, sans manquer à quelque obligation sacrée. « Il y a cent mille jeunes gens en France, qui, comme moi, ont juré de remplir cette sainte mission. » Il a idéalisé ce roman héroïque dans le *Discours sur la célébration du dimanche*.

Telle fut ce que M. Desjardins a osé appeler l'unique « faiblesse » de Proudhon. De fait, il en eut d'autres, vulgaires, mais rares, qui ne l'arrêtèrent pas un moment, et dont il s'excusa. M. Georges Sorel a résumé à merveille la pensée de Proudhon sur l'amour physique, dans cette formule lapidaire: « Le monde ne deviendra plus juste que dans la mesure où il deviendra plus chaste. » Le sens de l'amour, a dit Proudhon, est le sacrifice et la mort.

PREMIERS ÉCRITS

Le pensionnaire de l'Académie de Besançon partit pour la capitale en novembre 1838.

On lui avait donné comme tuteur Joseph Droz, de l'Académie française, vieux, prudent, timide. On lui avait recommandé de visiter Nodier, Jouffroy, les gloires comtoises. Jusqu'en 1840, il s'astreignit à voir Droz deux fois par semaine, après quoi il prit congé, ne retenant de lui que ce jugement, dont il ne fit pas assez son profit : aujourd'hui, la philosophie n'est plus que l'histoire de la philosophie. Après deux ou trois entrevues, il cessa de retourner chez Jouffroy, qui pourtant avait mesuré toute la profondeur de son intelligence. De ce philosophe il vantait une leçon, qui l'avait frappé, disait-il en 48, comme un trait de lumière, et dont il s'exagérait vraisemblablement le prix, à savoir que désormais une révolution n'était possible que par la philosophie. Bakounine était loin de se douter que Proudhon s'était enfoncé dans l'idéologie pour être plus efficacement révolutionnaire. Quant aux littérateurs purs, comme Nodier et Victor Hugo, Bisontin de hasard, l'espèce de leurs œuvres, la dissi-

pation de leur vie, l'éloignaient d'eux. L'art pour
la beauté lui a toujours paru un divertissement
superflu, un idéalisme malsain, et s'il a vanté
Courbet à la fin de sa vie, c'est, qui le croirait?
comme peintre et réformateur des mœurs.

Ce sauvage avait d'ailleurs trop à travailler pour
voir du monde. Sur les 1.500 francs de sa pension,
il entretenait sa famille. Aussi avait-il dû chercher
quelque gagne-pain. Il fut correcteur à *l'Europe,*
« journal carliste ». Il fit, pour une encyclopédie
catholique, des articles peu payés, ou point. Il
allait aux bibliothèques ; il suivait des cours ; il
s'initiait à l'économie politique. Il eut un moment
l'idée de préparer sa licence et son doctorat, pour
obtenir une chaire dans une faculté, mais sa vocation l'emportait.

Il fallait qu'elle fût bien impérieuse pour se
découvrir à l'occasion d'un sujet de concours proposé par l'Académie de Besançon : *De l'utilité de
la célébration du dimanche, sous les rapports de
l'hygiène, de la morale, des relations de famille et
de cité.* Proudhon avait l'esprit si gonflé d'idées,
l'âme si remplie de socialisme, qu'on n'avait qu'à
approcher de lui une matière, même la plus inerte,
la plus aride, pour qu'il y épanchât une source vive
et puissante de socialisme et d'idées.

Sainte-Beuve a bien vu que le *Discours* composé
par Proudhon sur ce sujet (1839) renfermait en
germe presque toute sa doctrine de l'avenir, et

Proudhon lui-même le considérait comme un programme qu'il se proposait de développer ; ainsi fit-il, non sans beaucoup ajouter, beaucoup corriger, on s'en doute.

Pour Vigny, Moïse avait été un Vigny. Selon Proudhon, qui, d'ailleurs, n'était pas tout à fait dupe de ce travestissement, Moïse avait été un égalitaire socialiste, à la Proudhon, et sa prescription relative au repos du Sabbat le prouve tel, aussi bien que la plupart de ses lois civiles et de ses réformes. C'est ainsi qu'il restreignit le droit de propriété, afin d'assurer l'égalité des conditions et des fortunes, qui est d'institution naturelle, qui est dans l'équité, qui est possible, si bien que l'établir serait une restitution, et non une gratification. Que n'imitons-nous en cela Moïse, au lieu de nous ébahir aux beaux discours des philanthropes et de nous récrier sur leurs emplâtres à la misère ?

Le commandement *tu ne déroberas pas* signifie proprement *tu ne mettras rien de côté pour toi,* tu ne capitaliseras pas. Égal est le droit de chacun à produire sa subsistance, malgré les différences d'aptitude ou d'habileté. Fausses sont les doctrines qui veulent proportionner la répartition à la capacité. Le problème est de trouver un état d'égalité sociale qui ne soit ni communauté ni despotisme, ni morcellement ni anarchie, mais liberté dans l'ordre et indépendance dans l'unité, l'égalité des biens étant la condition de la liberté, et l'inégalité de nature, affaiblie déjà par l'éducation, étant destinée à s'effacer par l'égalité des fortunes. Est-ce à dire que, dans la cité nouvelle, tous les citoyens seront égaux par le génie et la sagesse, et même par le pouvoir ? Non ; mais l'élite qu'il faut souhaiter à la patrie, composée des premiers par la naissance et la vertu, exerçant les fonctions de maîtres et de guides, donnera l'exemple perpétuel du désintéressement et de l'égalité.

Abolissons la royauté, dont nous sommes tous coupables. Croyons ces vérités, et d'autres semblables, qu'on ne comprend plus, sur le travail, la propriété, la liberté, sur la sainteté du mariage, sur la loi, qui ne dépend ni d'une volonté ni de la volonté générale, mais qui est le rapport des choses, découvert et appliqué par la raison. Si nous ne parvenons pas à nous pénétrer de ces principes et à les mettre en pratique, écoutez ce qui arrivera : opulence toujours croissante en haut, misère toujours croissante en bas, démoralisation de tous, révolte des affamés et des opprimés. — Prophétie que Proudhon rappelait le 14 août 1848, au lendemain des journées de juin et de la vengeance, plus triste encore, qui les suivit, sous le nom de répression.

Soit dit une fois pour toutes, il est impossible
d'analyser un écrit de Proudhon ; il faudrait tout
transcrire, ou presque tout. Son esprit puissant ne
se contente pas de suivre une idée directrice, de la
développer, de l'éclairer ; sans doute, il fait cette
tâche, qui s'impose à tous les écrivains ; mais ses
développements mêmes, ses preuves, ses exemples,
apportent en foule les idées capitales, les jugements
frappants, les synthèses lumineuses, saisissantes ou
irritantes, toute une fourmilière de pensées qui
sont là pour l'objet principal du livre, et qui, en
même temps, valent par elles-mêmes.

Il y a exagération et injustice à prétendre, comme
Mülberger, qu'un seul chapitre des *Contradictions
économiques* fournit à la pensée plus de butin que
l'œuvre entière de Marx. Mais il est bien vrai que
la fécondité de l'esprit de Proudhon apparaît extraordinaire, surtout à qui veut donner une idée
exacte d'un de ses ouvrages, même du plus ancien,
comme ici, et du plus mince. On tâche de se borner
à l'essentiel, et vite on s'aperçoit qu'on a omis de
l'essentiel.

Que de choses encore renferme ce *Discours !*
Une théorie ébauchée du suffrage universel, que
Proudhon dédaigne comme empirique et contraire
à la science ; les principes d'une philosophie de
l'homme et de la nature ; la conception d'une

science des sciences, que Proudhon nommera plus tard la métaphysique, etc., etc. La critique a beau jeu de reprocher des omissions à un compte-rendu, quel qu'il soit, d'une œuvre de Proudhon.

Mais un inconvénient plus sérieux de cette richesse, c'est qu'elle disperse et surcharge l'attention du lecteur, et qu'ainsi elle rebute celui-là même qu'elle voudrait éclairer et persuader.

Ajoutez que Proudhon a dès lors ses façons propres de parler, correspondant à des façons propres de penser, et qu'il se sert des termes communs en leur donnant un sens particulier, sans crier gare. « Abolissons la royauté », qui ne croirait que cet impératif signifie : Jetons le trône à bas —, alors que Proudhon n'en veut qu'au pouvoir exercé par la volonté d'un homme quelconque sur la volonté d'autres hommes ? Combien d'étourneaux ont jacassé contre Proudhon, déclarant la guerre divine, sans rechercher et sans comprendre ce qu'il avait voulu dire par là et qu'il a cette fois expliqué tout au long ! Mais, vraiment, leur faute n'était pas imputable à eux seuls.

Ces remarques de critique étaient indispensables avant d'aborder l'étude du premier Mémoire de Proudhon sur la propriété.

« QU'EST-CE QUE LA PROPRIÉTÉ ? »

Annonçant à son ami Ackermann que l'Académie de Besançon avait couronné deux de ses concurrents, en attribuant seulement une mention à son *Discours,* Proudhon ajoutait : « Je rentrerai dans ma boutique, l'année prochaine, armé contre la civilisation (» style de Fourier «) jusqu'aux dents, et je vais commencer une guerre qui ne finira qu'avec ma vie. » Un peu plus tard, à Bergmann, le savant linguiste et historien de Strasbourg : Le sujet de mon prochain ouvrage « est le développement des propositions qui m'ont fait perdre le prix de l'Académie de Besançon. Cette fois, je ne chanterai pas des *Gloria Patri ;* ce sera un véritable tocsin. » Ailleurs : « Malheur à la propriété ! Malédiction !... Le style en sera âpre et rude... Quand le lion a faim, il rugit... Prie Dieu que j'aie un libraire ; c'est peut-être le salut de la nation... Qu'il soit lu, et c'est fait de la vieille société ! » On n'a vu là qu'un immense orgueil ; il y a surtout une immense espérance, excitée par les sentiments les plus hauts, excusée par la conscience du génie.

Le livre parut fin juin 1840, et ce n'en fut pas fait de la vieille société. Un monde ne meurt pas ainsi par l'effort d'un homme. Mais jamais le principal abus du « régime propriétaire », qui est à la fois le principe et le facteur principal de notre civilisation, n'avait été dépouillé tour à tour de chacun des titres qu'il invoquait par une main aussi adroite et aussi vigoureuse ; jamais surtout la protestation socialiste ne s'était recommandée par une telle méthode, aussi étrangère à la déclamation qu'opposée à l'utopie, tout historique et toute scientifique, ou du moins voulant l'être.

Cet ouvrage, publié sous le titre *Qu'est-ce que la propriété? ou Recherches sur le principe du droit et du gouvernement,* a été exalté en 1845 par Karl Marx, en des termes qu'il faut rapporter : « Proudhon soumet le principe fondamental de l'économie politique, la propriété, à un examen critique, le premier décisif, sans ménagement, et scientifique en même temps. C'est là, pour la science, un progrès qui est son œuvre, progrès ou même révolution de l'économie politique, dont la constitution en science effective est pour la première fois rendue possible. L'ouvrage de Proudhon : *Qu'est-ce que la propriété ?* a la même importance pour l'économie politique moderne que celui de Sieyès : *Qu'est-ce que le Tiers-Etat?* a pour la politique moderne. » Si, à la mort de Proudhon, Karl Marx a écrit de ce Mémoire tout le contraire, ce n'est pas à Proudhon

que fait tort ce renversement du pour au contre.
Analysons.

La propriété, c'est le vol. Tout le monde le croit ;
mais tout le monde ne sait pas qu'il le croit ; tout
le monde le saura, après avoir lu Proudhon.

Toutes les sociétés, tous les régimes prétendent
se fonder sur la justice. 89, qui n'a pas été une
révolution, comme on le pense, mais seulement une
bataille et un progrès, a posé ces trois principes
fondamentaux de la société moderne, consacrés par
1830 : 1º Souveraineté dans la volonté des citoyens ;
2º Inégalité des fortunes et des rangs ; 3º Propriété.

Or, les deux premiers sont aujourd'hui reconnus
injustes. La souveraineté n'appartient qu'à la
loi, expression de la justice et de la vérité. L'inégalité des fortunes et des rangs est avouée contraire à l'égale dignité des personnes, à leur égalité
devant la loi, que la déclaration des Droits de
l'Homme a proclamées. Pour remédier à l'un et à
l'autre abus, il n'y a qu'un moyen, rayer le troisième principe, en supprimant le domaine individuel de propriété.

La propriété, à elle seule, engendre toutes les
causes d'inégalité sociale, qui peuvent se ramener
à trois : 1º l'appropriation gratuite des forces col-
lectives ; 2º l'inégalité dans les échanges ; 3º le

droit de bénéfice ou d'aubaine, rente, loyer, intérêt, profit.

Pour se permettre ces méfaits, sur quoi se fonde la propriété ?

Sur l'occupation? Non, car le droit d'occuper est égal pour tous. L'occupation vous a pourvu, dites-vous. Soit ! Moi, qu'elle a fait naître dépourvu, je vais lui demander de me pourvoir.

Sur la loi civile? Elle n'a établi la propriété que pour établir l'égalité. Au surplus, ce qu'elle a fait, elle peut le défaire.

Sur le travail? Vous riez. Voyons-nous le fermier devenir propriétaire du sol qu'il travaille pour un propriétaire oisif? l'ouvrier devenir propriétaire de son produit, ou d'une valeur égale? Vous vous croyez quittes envers l'un par le prêt onéreux du champ, envers l'autre par le salaire. Erreur. Le travailleur conserve, même rémunéré, un droit naturel de propriété sur la chose qu'il a produite. Un employeur paye le salaire de cent ouvriers. D'abord, il n'acquitte pas leur force collective, dont il profite. En outre, il ne verse à l'ouvrier qu'un salaire qui assure juste sa consommation du jour et laisse en péril son existence du lendemain, tandis que lui-même trouve dans l'instrument produit par le travailleur un capital durable, gage d'indépendance et de sécurité pour l'avenir. Voilà ce qu'il lui doit et ne lui rend jamais. En cela surtout consiste l'exploitation de l'homme par l'homme.

Partage du produit, réciprocité de services, ou garantie d'un travail perpétuel, tel serait le devoir d'un juste propriétaire. Mais plutôt, si le travail engendre la propriété, il s'ensuit que le travailleur acquiert aux dépens du capitaliste aux bras croisés ; que, toute production étant nécessairement collective, l'ouvrier a droit, dans la proportion de son travail, à la participation des produits et bénéfices ; enfin, que tout capital accumulé, étant de production sociale, doit être une propriété sociale, et que donc nul particulier n'en peut avoir le monopole.

Mais, dit-on, il y a travail et travail. Le travail intelligent doit être plus rémunéré. Le talent, le génie ont droit à un privilège. Saint-Simon l'a dit, Fourier l'a reconnu. — Ils se sont trompés. Les salaires, dans une même fonction, doivent être égaux, et, dans l'universelle coopération, toutes les fonctions, solidaires les unes des autres, et également indispensables, sont égales entre elles. La supériorité du talent et du génie ne tient pas à la personne de ceux qui en sont pourvus ; elle est en eux le produit de l'intelligence universelle et d'une science générale, amassée par la collectivité, moyennant le concours d'industries réputées à tort inférieures. D'ailleurs, l'évaluation en espèces ou en produits d'un talent quelconque est chose impossible ; tout talent est fragmentaire et a besoin des talents et des bras d'autrui ; en outre, la société n'établit son économie que sur un échange égal de produits. Enfin, dans l'ordre de la justice où les propriétaires prétendent se tenir, le travail détruit la propriété. Dans l'échange universel, le produit de tout producteur est d'avance hypothéqué par la société. On lui en donne un prix, oui, mais comme fourniture et comme avance d'un travail à faire. « Le travailleur est, à l'égard de la société, un débiteur qui meurt nécessairement insolvable ; le propriétaire est un dépositaire infidèle, qui nie le dépôt commis à sa garde, et veut se faire payer les jours, mois et années de son gardiennage. »

Des philosophes assurent que la propriété est le prolongement de la personnalité humaine. A merveille ! Je veux aussi, moi, prolonger ma personnalité.

Considérée jusqu'ici comme faculté d'exclusion, la propriété est donc démontrée injuste. Comme faculté d'envahissement, elle se manifeste si complètement opposée à tous les prétextes de son institution, qu'on est fondé à la déclarer mathématiquement impossible.

Voilà ce qu'enseignent la jurisprudence et l'économie politique. Il faut maintenant, pour mettre de l'ordre dans ce désordre, que la psychologie nous éclaire sur l'idée du juste, c'est-à-dire sur le principe du gouvernement et du droit.

Nous sommes provoqués à la société d'abord par

l'attrait animal de la sympathie. Le second degré
de la sociabilité est la justice, que l'on peut définir
la reconnaissance en autrui d'une personnalité
égale à la nôtre ; comme sentiment, la justice peut
nous être encore commune avec les animaux ; mais
elle donne lieu à une notion qui n'appartient qu'à
l'homme. Le troisième degré est l'équité (dénomi-
nation bien mal choisie), qui n'est qu'une justice
attendrie, heureuse de s'exercer, soit dans l'aide
aux faibles, soit dans la reconnaissance aux bons ;
c'est le domaine de l'enthousiasme, qui ne doit pas
empiéter sur celui de la justice, autrement dit de
l'égalité des biens ; car il est hors de l'économie,
qui est toute dans la justice, autrement dit dans la
catégorie des quantités égales.

A son tour donc, la psychologie nous donne la
loi d'égalité, loi dont le règne vient, grâce aux
explosions périodiques du prolétariat contre la
propriété ; car la propriété porte en elle un principe générateur de révolution, auquel prochainement nous la verrons succomber.

La propriété abolie, quelle sera la forme de la
société ? Hors de la propriété et de la communauté,
personne n'a conçu de société possible. Cette erreur
à jamais déplorable a fait toute la vie de la propriété. La communauté viole l'égalité, au détriment
du fort ; la propriété la viole, aux dépens du
faible. La communauté cherche l'égalité et la loi,
que la propriété repousse ; la propriété veut l'indé-

pendance et la proportionnalité, que repousse la communauté. Ces quatre éléments, nécessaires à la société, ne peuvent se trouver joints que dans une troisième forme sociale, qui est la Liberté ou l'Anarchie.

Il faut en effet abolir le gouvernement. La démocratie a cru faire merveille en multipliant le nombre des rois, et en l'égalant, dans son idéal, au nombre des citoyens. Or, parmi nous, personne n'est roi ; nous sommes tous des associés. La politique intérieure, c'est la production et l'échange à l'intérieur. Qui la réglera ? La statistique des départements. De même, la statistique internationale réglera les questions dites de politique internationale. Les parleurs gouvernent le monde, alors que la puissance législative et politique n'appartient qu'à la raison, méthodiquement reconnue et démontrée. Comme l'homme cherche la justice dans l'égalité, la société cherche l'ordre dans l'anarchie.

C'est la raison qui conclut contre la propriété pour l'égalité. Le moyen terme entre le régime communautaire et celui de la propriété individuelle est trouvé. Plus de propriétaire que la collectivité. L'Etat doit avoir un domaine éminent de propriété sur tous les capitaux. En dehors de lui, plus que des possesseurs, quelque chose comme ses tenanciers. Cette réforme mettra fin à l'antique civilisation.

Deux Mémoires qui suivirent, la *Lettre à M. Blanqui* (frère de l'Enfermé — avril 1841) et l'*Avertissement aux propriétaires* (janvier 1842), complétèrent l'expression de la pensée de Proudhon sur la propriété.

Dans le premier, Proudhon faisait voir l'abolition de la propriété opérée par l'histoire depuis le commencement du monde, et hâtée dans le présent par de récentes lois sur l'expropriation publique, par la conversion des rentes, par les règlements relatifs au travail des enfants dans les manufactures, etc. Il raillait les économistes et les socialistes, les uns consacrant la propriété par la routine, les autres la sapant avec les armes creuses de l'utopie, savants sans science ou réformateurs sans méthode, tirant leur bonnet aux abus ou bousculant la tradition, alors que Proudhon pousse à la révolution par tous les moyens en son pouvoir, mais sans croire nécessaire, pour arriver à l'égalité, de mettre le monde sens dessus dessous.

Dans le second, il montre le mouvement social irrésistiblement dirigé contre la propriété, qu'il est donc irrationnel de défendre et vain de réformer, ce qui serait la même chose que de la détruire. Il confirme l'égalité des conditions par la formule d'Adam Smith sur l'égalité dans les échanges, et il revient au rôle du talent dans la production. Enfin,

répondant à diverses accusations, il traite durement
Fourier, en particulier sur la question de l'émancipation de la femme ; il se justifie du reproche
d'avoir varié, et aussi d'exciter à la haine et au
mépris de l'opinion prétendue républicaine. Chemin
faisant, il a frappé à tour de bras sur Lamennais, le
National, Considérant, les philosophes, les prêtres,
les députés, les journalistes, qu'il compare à des
pourceaux. Il a fait appel à la force du géant populaire. « Remue-toi donc, Briarée », puisque l'opposition qui parle en ton nom ne fait que parler! Il
termine par une menace véhémente et mystérieuse à
l'adresse du pouvoir et de ses agents.

ESPRIT ET CARACTÈRE DE PROUDHON

Cette étude sur les premiers ouvrages de Proudhon serait trop longue, si on avait dû en proportionner les dimensions à leur importance définitive dans l'œuvre générale de l'auteur. Mais ce calcul n'était pas de mise ici. Car il convenait de rapporter les opinions destinées à être contredites par lui dans la suite, non moins que celles à qui il devait rester attaché, de faire saisir sa méthode historique, de donner une idée (combien vague!) de sa polémique.

Ses principes, qui sont aussi ses fins, demeureront inébranlables : justice, égalité.

En vertu de quoi, il conservera même antipathie pour le régime propriétaire actuel et pour la communauté, qui ne lui est pas moins odieuse ; il maintiendra son opinion sur le droit du travailleur au produit intégral de son travail, sur l'iniquité du privilège exorbitant attribué au talent, sur l'universalité de l'échange qui appelle la réprocité de services, d'où plus tard sa conception de la mutualité ou du mutuellisme humain, sur l'origine, l'essence et la destination sociales de tous les capitaux, en tant qu'ils dépassent la mesure nécessaire à l'entretien du capitaliste et de sa famille ; il développera jusqu'au bout ses idées sur l'anarchie, contrairement à l'erreur de ceux qui lui ont fait honneur d'avoir sacrifié l'anarchie au fédéralisme, avec qui elle s'accorde à souhait, comme il l'a déclaré en termes exprès.

Au contraire, il va concevoir dans peu de temps l'idée de la propriété-liberté, qu'il opposera à la propriété-vol (quelle bévue, en effet, pour un anarchiste, d'attribuer à l'Etat un domaine éminent sur tous les capitaux !) ; il effacera, comme « absurde », la prescription de l'égalité des salaires ; il attribuera au talent, du moins chez les producteurs d'utilités, des avantages, d'ailleurs très réduits.

Il a deux méthodes, l'une logique, l'autre historique, qu'il fait concourir au même but.

De la première, il suffira de dire que, par une fâcheuse illusion, qui prouve sa naïveté autant que son orgueil, il la croit infaillible ; un jour *(Philosophie du progrès)*, il expliquera que la méthode de raisonnement la plus sûre ne peut pas conduire l'homme nécessairement à la vérité ; mais ce sera un éclair de lucidité, et il retombera aussitôt dans ses certitudes de dialecticien.

Quant à sa méthode historique, elle coupe court aux rêveries des réformateurs utopistes, qui prétendent forcer l'humanité à marcher dans les voies tracées par leur fantaisie généreuse.

En 1860, Marx, rapportant la tâche qu'il faisait, entre 1845 et 1847, contre les disciples de Feuerbach, rapportait en même temps l'enseignement que lui avait donné Proudhon, sans le nommer, sans peut-être se rappeler son bienfait : « Il fallait démontrer que ce qui était en question, ce n'était pas l'application d'un système utopique, quel qu'il fût, mais la participation consciente à l'évolution historique de la société. » Idée profonde assurément, dont on ne saurait trop féliciter Proudhon, pour l'avoir découverte, et Marx, pour en avoir discerné le prix, mais qui se donne tort, quand l'observateur se flatte de pénétrer par delà le présent les ténèbres des temps futurs, et quitte l'astronomie pour l'astrologie.

Telle fut la prétention du marxisme, qui, forçant son principe proudhonien, crut mettre un terme à l'utopie et ne fit que la déplacer. Même illusion, même vanité, même déception à prétendre fabriquer de toutes pièces l'avenir ou à prétendre le connaître. Du moins, Proudhon s'est toujours refusé à « dire la bonne aventure » sur la révolution souhaitée. L'historien Marx s'est posé en prophète, et en prophète scientifique, sans qu'on ait peut-être assez souri jusqu'à présent de cette double et contradictoire chimère.

La polémique de Proudhon a deux caractères très différents : d'une part, une subtilité dialectique vraiment extraordinaire et qui parfois rend sa pensée très difficile à suivre ; de l'autre, une violence de passion, qui va souvent jusqu'à « l'expression forcenée et exterminante » (mot de Sainte-Beuve), quand il s'agit des choses, jusqu'à l'invective, quand il s'agit des personnes, cherchant ou trouvant trop facilement l'occasion de se faire des adversaires pour les prendre à partie, ne ménageant rien, ni l'âge, ni la gloire, ni les services rendus, ni une certaine communauté de doctrine ou d'espérances, ni l'opinion publique, que Proudhon cependant prétend suivre, ni les traditions auxquelles il déclare se soumettre ; d'ailleurs retenant la bataille dans le domaine de la pensée et ne salissant jamais sa plume à quelqu'une de ces calomnies contre le caractère ou la vie privée dont un Mirecourt se rendra coupable envers lui. Je n'ai pas la bosse de la vénération, écrivait-il à Daniel Stern en 1847 ; pardieu, Madame, vous l'avez trouvé tout du premier coup.

Cette brutalité sans ménagement a été reprochée aigrement à Proudhon, comme un effet volontaire de ses efforts pour attirer coûte que coûte l'attention sur lui. Interprétation injuste. Proudhon était né ami du combat et le restait après la cinquantaine. « Moi aussi, je suis un homme, et ce que j'aime le plus de l'homme est encore cette

humeur belliqueuse, qui le place au-dessus de toute
autorité, de tout amour. » De là ses éclats de voix
et ses provocations, de là ses pugilats, batailles
d'homme du peuple, qui ne laissent pas de ran-
cune, et après lesquelles on va boire amicalement
avec l'adversaire. Il sentait sa force d'athlète ; il
lui était agréable de la faire sentir ; il ne lui
déplaisait pas de prouver à l'opinion, en tombant
quelque grand homme, ou cru tel, qu'on n'avait pas
évalué assez haut sa propre vigueur, tandis qu'on
surfaisait celle d'autres.

Encore de l'orgueil, dira-t-on! Assurément. Il
n'est pas question ici de présenter Proudhon comme
un saint, mais seulement de le bien comprendre.

Le juste sentiment de ce qu'il était avait déjà
de quoi le rendre fier et assuré ; en outre, une
imagination de voyant réalisait sous son regard
intérieur la forme vivante de ses conceptions, si
bien que la contradiction ou les réserves d'autrui
lui paraissaient marque d'inintelligence ou de mauvaise foi. « Je suis assuré d'avoir raison contre
tous », telle est la formule la plus frappante de
cette confiance en son esprit ; mais on en trou-
verait dans son œuvre plus de vingt presque aussi
extraordinaires, et dont peuvent se gausser à souhait des gens d'esprit, assez simples pour réclamer
d'un inventeur et d'un apôtre les qualités d'un critique. Comme l'intérêt de la Révolution se mêlait

à toutes ses pensées, sa ferveur sociale contribuait encore à l'animer contre ceux qui pensaient autrement que lui.

Voilà de quoi expliquer ses certitudes et ses fureurs, à condition d'ajouter, si on veut le bien connaître et le bien juger, que les preuves d'une humilité égale à son orgueil abondent dans la vie comme dans les écrits de ce maître, qui n'a pas voulu faire de disciples.

Il avouait n'être pas modeste et ne croyait guère à la modestie des autres. Il haussait les épaules quand on l'accusait d'être jaloux. Indifférent en général au blâme, il y avait une imputation qui le blessait au cœur, à force d'être injuste : celle de tirer des coups de pistolet ou de jouer avec les idées, pour attirer l'attention sur lui. « Ces sortes de critiques sont plus insupportables pour moi que les grosses calomnies. Jamais écrivain n'a mis plus de sérieux, plus de conscience dans toutes ses publications, et, depuis vingt-cinq ans, je me vois traiter en sophiste amoureux du bruit, en Erostrate littéraire, prêt à se brûler lui-même, pourvu qu'on parle de lui. Il est des jours où cette idée m'exaspère au delà de toute expression. » Sa bonne foi ne peut manquer d'éclater aux yeux qui veulent voir la vérité.

Une seule réserve, et qui s'arrête à la forme : le descendant des laboureurs de Chasnans est par hérédité retors comme un paysan, c'est-à-dire plus qu'un avocat. Il est *chicanoux*, il l'a confessé lui-même ; mais il ne l'est que par passion, sur des idées qu'il aime plus que sa vie. Au fond, ce disputeur reste toujours droit et franc ; il a le respect de lui-même, du public, et davantage encore de la cause qu'il sert, par la vérité, pour la justice. Les contradictions nombreuses qu'on a pu lui reprocher sont à elles seules un témoignage probant de sa sincérité.

Pour achever de connaître l'homme, il avait des moments de sérénité et même de belle humeur où son front sévère se détendait. Dans une lettre de 1841, il dit de lui-même, vraisemblablement avec quelque exagération : « Quand je quitte ma plume, c'est comme si je changeais de figure : me voilà redevenu compagnon, flâneur, paresseux, aimant à courir et à *gouillander*, amoureux du café, du cabaret et de la grosse joie. »

Les curieux, qui ont du loisir, feront bien de regarder le portrait aimable qu'a tracé de lui, dans *Lauriers et Cyprès*, à travers plus d'une bourde, Philibert Audebrand, son commensal à Paris en 1846. Tous ceux qui ont pu voir de près et fréquenter ce sauvage ont été pris au charme puissant de sa probité, de sa conviction et de sa bonté. Proudhon et ses amis, un moraliste aurait là le sujet d'un chapitre curieux et émouvant, dont Sainte-Beuve a magistralement esquissé le début.

On l'aimait; et lui, il aimait passionnément l'amitié et ses amis. On a noté et blâmé quelque apprêt dans la « Page d'album » où il a célébré l'amitié (*Corresp.*, I, p. 145). Soit! Mais ses lettres intimes, écrites au courant de la plume, nous ouvrent son cœur; et, si nous sommes portés à trouver de l'emphase dans l'expression de ses sentiments pour ses amis, prenons garde, c'est peut-être le procès de notre sécheresse que nous risquons d'entamer là. En 1854, atteint du choléra, ce n'est pas aux remèdes ordinaires qu'il se confiait. « Quand le mal me tenait anéanti sur mon grabat, je disais à mes amis qui me gardaient : « Tenez-moi « la main dans les deux vôtres, cela me rend la « vie, cela me guérit le corps par l'amitié. »

L'HOMME D'AFFAIRES, D'ÉTUDES, D'ACTION

Entre temps, Proudhon avait eu à redouter les poursuites du gouvernement, que son premier *Mémoire* avait alarmé. Blanqui, l'économiste, détourna l'orage. Ensuite, ce fut l'Académie, épouvantée en voyant sortir de l'œuf couvé par elle un révolutionnaire de cette envergure, qui menaça de lui retirer la pension Suard, c'est-à-dire son pain et celui de sa famille. Pour comble, le 18 janvier 1842, le troisième *Mémoire* avait été saisi et l'auteur poursuivi. Proudhon plaida lui-même sa cause devant le jury du Doubs et fut acquitté.

Il réussit enfin à remettre son imprimerie, dont la vente le laissa en déficit de 7.000 francs. Dans les derniers jours d'avril, il partait pour Lyon, où il allait occuper un emploi dans une maison de commerce et de transport de houilles par le canal du Rhône au Rhin. Un de ses patrons, Antoine Gauthier, qu'il tutoyait, était un ancien condisciple de *rosa*, conservateur bourgeois à l'ancienne mode, qui avait attiré la clientèle par le bon marché, et plus capable qu'avide de gagner de l'argent.

Proudhon fut un commis modèle, intelligent des

affaires, actif, et qui prenait à cœur les intérêts de
la maison honnête où il servait. Dans ses moments
de loisir, il fréquenta les révolutionnaires lyonnais,
dont le fanatisme éclairé et résolu l'étonna. Le
principal des groupements ouvriers du Rhône portait ce nom, les *Mutuellistes,* qui put exercer une
force de suggestion sur son esprit.

A travers les occupations de son métier et les
efforts de sa propagande sociale, il écrivait encore.
C'est ainsi que parut, en septembre 1843, la *Création de l'ordre dans l'humanité,* livre manqué, au
jugement de l'auteur, livre ambitieux, mais qui
renferme dans le détail cent germes de théories
profondes, de vérités neuves, de réformes souhai-
tables, à côté de déductions qui croulent et d'illusions qui étonnent. Une seconde édition, enrichie
de notes par Proudhon, nous fait voir plus d'une
fois les certitudes de 1843 contredites par les certitudes non moins certaines de 1849, notamment sur
la nécessité de la réforme politique, qu'on ne peut
nier en 43 sans être un menteur ou un charlatan,
et que seuls peuvent affirmer en 49 les charlatans et
les menteurs.

Dans une partie de cet ouvrage, où plus d'un a
puisé sans le nommer, Proudhon montre l'histoire
menée par l'action des lois économiques. L'économie politique est pour lui une science immense, à
laquelle se rattachent toute notre vie et toute notre

pensée, plus capable qu'aucune philosophie de nous instruire au sujet de l'homme, de son origine, de sa destinée, de Dieu. Jusqu'ici, elle s'est bornée à enregistrer des faits de désordre dans la production, la répartition, l'échange; mais, à l'avenir, son devoir est de centraliser les forces industrielles et de discipliner le marché. Elle s'est interdit de régenter la politique, à qui elle se soumet, comme si la géométrie était au service des arpenteurs! Le gouvernement lui revient, aussi bien que le commerce et l'industrie. A elle d'organiser le travail, de façon à lui conserver le bienfait économique de sa division, en préservant de ses méfaits le travailleur parcellaire, qui aujourd'hui n'est qu'un manœuvre, alors que l'ouvrier doit être un ingénieur. A elle donc d'organiser l'apprentissage, qui est la vraie instruction publique. Politiquement, Proudhon ne veut qu'une Chambre ; un million d'électeurs lui suffirait. Dans la famille comme dans l'Etat, la femme est une mineure et une apprentie; elle n'est ni la moitié ni l'égale de l'homme, « mais le complément vivant et sympathique qui achève de faire de lui une personne ».

Par tout le livre respire l'esprit égalitaire et ouvrier de Proudhon ; il a glorifié, comme le seul capital réel, comme la force plastique, comme l'idée type de la société, le Travail, solidaire avec lui-même dans ses deux espèces, manuelle et intellectuelle; il a prescrit l'abolition du prolétariat; il a recommandé à ses amis de ne pas laisser faiblir en eux l'esprit révolutionnaire.

Son travail chez les Gauthier le conduisait assez souvent à Paris. C'est ainsi qu'il fut introduit dans la Société des Économistes et mis en rapport avec l'éditeur Guillaumin. Il travaillait alors aux *Contradictions économiques*. En même temps, il faisait pour le socialisme une campagne d'action, sur laquelle nous sommes mal renseignés, s'efforçant d'aider le parti à s'organiser, s'unissant avec Pierre Leroux et Louis Blanc, d'autres encore, acceptant le concours de romanciers, même de George Sand dont il avait déjà médit, pour vulgariser la doctrine ; d'ailleurs, tournant en ridicule les innombrables évangiles selon Buchez, Lamennais, Considérant, Flora Tristan, Pecqueur, sans oublier son ami Pierre Leroux. « Lorsque les contradictions de la communauté et de la démocratie, une fois dévoilées, seront allées rejoindre les utopies de Saint-Simon et de Fourier, le socialisme, élevé à la hauteur d'une science, le socialisme, qui n'est autre que l'économie politique, s'emparera de la société et la lancera vers ses destinées ultérieures avec une force irrésistible. Ce moment ne peut tarder. »

En ce temps-là (fin 1844), Proudhon déclare qu'il ne conspire pas. En août 1846, il écrit à Maurice que la réalisation de son projet social ne se sépare pas dans son esprit du renversement de Louis-

Philippe et de son successeur. Au mois de mars de la même année, il avait déclaré à Marx qu'il était revenu de l'idée de la révolution par la force. Il est permis sans doute de varier sur une matière aussi grave. Mais, pacifique ou violente, imposée au pouvoir ou consentie par lui, la révolution qu'il concevait n'en devait pas être moins révolutionnaire, puisqu'elle devait bouleverser le régime économique de la nation, en établissant ou en approximant l'égalité des fortunes.

Plusieurs s'y sont trompés. En 48, Victor Hugo souriait d'un mot de Proudhon qu'il ne comprenait pas : « Je suis un financier. » Un historien distingué, M. Georges Weill, juge que le grand révolutionnaire et anarchiste n'était au fond ni un révolutionnaire ni un anarchiste, mais un réformateur pratique et modéré. Proudhon lui eût enseigné que les deux choses s'accordent très bien, en commentant son propos familier : révolutionnaire, mais pas bousculeur.

Il posait ainsi la question sociale : faire rentrer dans la société, par une combinaison économique, les richesses qui sont sorties de la société par une autre combinaison économique. Et il croyait tenir le moyen de résoudre à bref délai le problème, sans faire usage de la force.

C'est ce qu'il expliquait à Karl Marx, dans une lettre importante du 17 mars 1846, en réponse à une demande de collaboration, qu'il accueillait poliment, mais sans ferveur. En même temps, il lui refusait de participer à sa haine contre Karl Grün. Marx, chez qui le caractère n'était pas à la hauteur de l'intelligence, témoigna dès lors à celui qu'il avait exalté naguère une malveillance venimeuse, qui ne s'explique pas suffisamment par un désaccord sur des questions économiques, et même politiques. Pourquoi le parti socialiste est-il celui de tous qui toujours a été le plus déchiré par la guerre civile, du moins entre ses chefs et ses guides ? Quoi qu'il en soit, c'en fut fait de l'entente entre ces deux grands esprits, que des épigones encroûtés s'obstinent encore à opposer, au lieu de les compléter l'un par l'autre, comme l'a fait depuis longtemps la critique ouverte d'Eugène Fournière, comme le font aujourd'hui au *Mouvement socialiste* les théoriciens du syndicalisme révolutionnaire.

L'INFLUENCE DE HEGEL

Nous avons entrevu plus haut ce que Marx dut à Proudhon. En retour, Proudhon dut à Marx une initiation plus complète à la philosophie, en particulier à la logique de Hegel, dont il avait déjà une teinture en 1840.

« Fâcheux service ! Je l'infectai de hégélianisme », a dit Marx, et le mot est juste, bien que Proudhon ait compté Hegel, avec la Bible et Adam Smith, parmi les trois grandes influences qui ont fécondé son esprit.

D'abord, comme l'a noté Marx, Proudhon, ignorant l'allemand, ne pouvait comprendre Hegel, en admettant qu'il l'eût pu comprendre, s'il avait su l'allemand.

Ensuite, les enseignements qu'il en a tirés n'ont servi qu'à étayer sa philosophie sociale et à lui donner une certaine forme, sans en enrichir, sans même en modifier le fond.

D'autre part, le procédé dialectique de recherche et d'exposition qu'il lui a emprunté n'était que trop bien fait pour accentuer encore son défaut originel d'outrance. Thèse, antithèse, synthèse, les deux premiers termes furent dès lors développés par Proudhon sans aucun souci de la mesure, puisque la contre-partie devait faire la balance et que l'équilibre était au bout de ces deux plongées en sens contraire. Jusque dans ses articles de journaux, en pleine Révolution de 48, cette triade germanique excita le rire malin ou méchant des adversaires politiques, tandis que les amis étaient embarrassés pour défendre cette scholastique inopportune et inopérante. Parfois même, il arriva que Proudhon, insistant avec prédilection sur la thèse, comme nouvelle, et négligeant l'antithèse, comme connue et évidente, ne livra guère qu'une face, démesurément grossie, de sa pensée, et trompa les lecteurs superficiels, c'est-à-dire le public et la critique en général, sur l'objet d'un ouvrage tout entier ; ainsi, le livre sur *la Guerre et la Paix,* entrepris pour « déshonorer la guerre », passe encore, non sans quelque excuse, pour la diviniser. Cette mésaventure fut commune à Proudhon avec Pascal, autre exploitant d'antinomies.

Ce n'est pas tout. L'esprit concret des Français ne se prête pas au jeu indéfini des abstractions, tel en particulier qu'a pu le mener la prodigieuse imagination métaphysique de Hegel. Comme Carlyle, mais avec moins de décision, Proudhon a personnalisé des termes qui ne sont, chez Hegel, que l'expression de lois ou d'idées générales, en se désolant d'ignorer si ses formules, malgré lui théologiques, devaient être prises au propre ou au figuré ; de là une théodicée envahissante et énigmatique, partout étalée et partout faisant l'ombre, si bien qu'on en est encore à se demander ce que pensait et sentait de Dieu l'auteur de l'imprécation fameuse : Dieu, c'est le mal. Il a doué d'une vie réelle des espèces, des collectivités, des groupes. Il a parlé de la sagesse de la nature, de ses desseins, plans, volontés, comme le plus éperdu de ces causes-finaliers que raillait Voltaire.

Après Marx, ce fut Karl Grün, ce fut Bakounine, que Proudhon, insatiable, questionnait, des nuits entières, sur Hegel et le néo-hégélianisme, au profit de sa curiosité, sans doute, et de sa science personnelle, mais aux dépens de ses livres et de son influence sur les lecteurs désorientés, qu'il voulait gagner à ses idées.

« LES CONTRADICTIONS ÉCONOMIQUES »

Ces défauts, contractés dans la fréquentation de Hegel, ne sont, nulle part, plus diffus et plus sensibles que dans les *Contradictions économiques, ou Philosophie de la Misère* (1846) ; Karl Marx en a relevé un certain nombre, avec beaucoup d'esprit et plus de méchanceté encore, dans sa *Misère de la philosophie* (1847), écrite en un français généralement excellent, quoi qu'on en ait dit, mais évidemment retouché.

Dans son ouvrage, Proudhon se donne le double tort d'opposer, comme des contradictions logiques, les bons et les mauvais effets des forces économiques, de préposer en outre et d'entremêler aux questions d'économie, comme connexes, des théories métaphysiques, sur lesquelles, soit dit en passant, un philosophe informé, d'esprit large, et consentant à prendre le sujet au sérieux, devrait bien nous donner du jour ; car l'étude de M. Pillon sur l'antithéisme de Proudhon n'est qu'une satire. Cette erreur et cette addition sont d'ailleurs sans influence sur le fond du livre, qu'avec un adversaire (Renouvier), il faut reconnaître instructif et remarquable, si l'on n'y prend que l'analyse des idées et des institutions économiques. En voici la substance :

Deux puissances se disputent le monde : l'économie politique ou la tradition, et le socialisme ou l'utopie (entendez le socialisme d'avant Proudhon). En un conflit de cette espèce, la vérité ne peut se trouver que dans la conciliation des deux pouvoirs antagonistes, c'est-à-dire dans une formule qui combinerait ces deux termes : Conservation et Mouvement.

Pour la logique ordinaire, cette résolution d'une antinomie entre deux idées ou deux faits, est une chimère ; mais le principe d'identité n'est vrai qu'en mathématiques. Le progrès économique de la société tient en particulier à l'unification de la valeur d'utilité et de la valeur d'échange, jusqu'ici toujours en lutte, par une synthèse qui sera la valeur constituée. On aura ainsi la loi de l'échange, dont le principe est le travail moyen mesuré par le temps, et, grâce à cette détermination, la justice, base nécessaire de l'association, sera rendue possible.

Même opposition, même besoin de synthèse entre les grandes forces économiques, et, dans chacune, entre ses facultés opposées, qui aboutissent à des effets contraires.

1° La division du travail est la cause première de

la multiplication des richesses dans la société, de l'habileté du travailleur et du progrès de l'art, mais en même temps de la décadence de l'artisan et d'une misère croissante dans le prolétariat. Elle est le premier stade de l'organisation du travail, qui se continue par les machines, la concurrence, le monopole, etc. Il s'agit de savoir si cette organisation, fatalement, ne doit tirer les uns de la misère que pour y replonger plus à fond les autres. Voilà comment il faut poser la question du paupérisme, et non à la façon des économistes, par des commérages sur l'imprévoyance et les vices divers des ouvriers ;

2° Les machines ramassent le travail que la division éparpillait. C'est la synthèse après l'analyse. Or, l'analyse et la synthèse, c'est tout l'esprit, toute la logique ; d'où le travail se présente comme mode universel d'enseignement. Les machines diminuent la peine de l'ouvrier, facilitent et multiplient la production, et rendent ainsi les produits moins chers ; mais elles supplantent le travailleur, tout au moins avilissent le salaire de celui qu'elles ne mettent pas en chômage, et l'asservissent de plus en plus au capital ;

3° La concurrence est nécessaire à la constitution de la valeur. Le monopole d'une fabrication entraîne nécessairement une production moins soignée, ou de prix surfait ; d'où perte pour la société. Au rebours, garantissez à tous salaire et

travail ; aussitôt, une immense relâche va succéder
à la tension ardente de l'industrie. L'homme peut
aimer son semblable jusqu'à mourir pour lui ; il ne
l'aime pas jusqu'à travailler pour lui. La concurrence l'anime à soutenir cette guerre permanente
qu'il doit livrer au besoin, à la nature, à ses semblables, à lui-même. En face, voyez ses effets
désastreux, comment elle détruit la liberté, aggrave
et propage la misère, affaiblit la race, engendre la
prostitution ;

4° Le monopole, opposé naturel de la concurrence, a donné à l'espèce humaine la possession du
globe, dont elle deviendra tout à fait la souveraine
par l'association. L'homme qui n'est pas monopo-
leur n'est rien, et le problème social est de savoir,
non pas comment on abolira le monopole, mais
comment on conciliera tous les monopoles. Le monopole augmente le bien-être général ; en capita-
lisant, il consolide les conquêtes du travail ; par
l'intérêt des capitaux, il fait jouir le travailleur de
ses œuvres et assure son épargne. Sans le monopole,
la société serait encore campée dans ses forêts pri-
mitives ; sans lui, le producteur, n'ayant rien à
attendre de sa prévoyance et de ses efforts, aurait
langui à la tâche. Mais... — Mais, les travailleurs
d'un pays produisant pour 20 milliards, les mono-
poleurs retiennent le bénéfice net et l'intérêt des
capitaux, et vendent ces produits 25 milliards.
L'ouvrier devrait donc payer 5 ce dont il a reçu 4 ;

il ne peut racheter son produit. Les cordonniers sont mal chaussés, les maçons mal logés, etc. Effroyable contradiction ! Le monopole a corrompu jusqu'au socialisme (Louis Blanc), en le persuadant de la nécessité du capital, indispensable sans doute aux particuliers dans une société individualiste, mais étranger à la formule supérieure de l'association, qui ne porte que sur l'équilibre de la production, les conditions de l'échange, la réduction progressive des prix de revient, seule et unique source du progrès de la richesse. Proudhon dira, en 48 : échanger, c'est capitaliser ;

5° L'impôt semble un rachat des monopoles, une institution de justice. Mais le pouvoir, instrument de la puissance collective, créé dans la société pour servir de médiateur entre le travail et le privilège, se trouve enchaîné fatalement au capital et dirigé contre le prolétariat. L'impôt, conçu pour la protection du plébéien vaincu, engendre contre lui une nouvelle série de supplices ;

6° La protection, assurée par la douane, lui sera-t-elle plus bienfaisante? On peut démontrer, par des arguments d'égale force, la nécessité de la protection et la nécessité du libre commerce, deux vérités qu'il faut tenir fortement l'une et l'autre, afin de les concilier par la synthèse ;

7° Le crédit a été inventé pour secourir le travail, en faisant passer dans les mains du travailleur l'instrument qui le tue, l'argent. Il faut bien savoir

que l'organisation générale du crédit par l'État est
une idée fausse, dont la pratique entraînerait la
suppression du capital privé et la stérilité de
l'épargne. Idées fausses encore, celle des subventions de l'État aux classes pauvres, celle d'ateliers
nationaux et privilégiés, qui tueraient l'industrie
libre. L'État peut imposer à la Banque des règlements ; il ne peut se substituer à son action ; il est
incapable de rien organiser, pas plus le travail que
le crédit. Le crédit a été un des principes les plus
actifs de l'émancipation du travail, de l'accroisse-
ment de la richesse collective et du bien-être industriel. Mais il est en général un leurre ou un fléau,
n'étant donné qu'à ceux qui ont, ou servant à faire
exploiter le travail par le capital, grâce à la servitude de l'intérêt. C'est lui qui perpétue la produc-
tivité et assure la royauté de l'argent. Le remède,
ce serait la circulation rendue possible de tous les
biens, y compris le travail ; mais alors le crédit
cesse d'être le crédit, pour devenir mutualité, solidarité, association. Même au sein de la société actuelle, un groupement d'ouvriers pourrait, grâce à
la mutualité, ramasser un capital de plusieurs millions, et que ne feraient-ils pas avec une pareille
somme? « Une telle conduite, soutenue pendant
trois ou quatre générations, et propagée partout
comme une religion nouvelle, réformerait le monde
et amènerait infailliblement l'égalité. » (Ainsi
disait Proudhon, ainsi commençaient à faire les

équitables pionniers de Rochdale, pères des Trade-Unions). La charité de l'Etat est de la famille du crédit ; les crèches, les caisses d'épargne, etc., sont des institutions malfaisantes ;

8° La propriété est l'antithèse du crédit (Proudhon semble appeler propriété le monopole de la terre). Il revient ici à une question qui l'occupe depuis des années. Pour la traiter de nouveau, il croit nécessaire de fonder préalablement la logique en certitude, d' « organiser le bon sens » ; cette tâche faite, ou crue faite, il déclare que l'organisation du travail va suivre celle du bon sens et que la société arrivera bientôt à sa constitution certaine et définitive. La pensée qui a présidé à l'établissement de la propriété a été bonne : la raison collective entendait par là rendre plus intime l'union de l'homme et de la terre, constituer la famille par la perpétuité et la transmissibilité du monopole (car Proudhon est pour l'héritage), tendre à l'égalisation des fortunes par la constitution de la rente foncière. Mais la propriété se déprave ; sociale dans son origine, elle devient égoïste dans son exercice, et pervertit la production, où elle exploite les hommes, surfait, sophistique ou sabote les objets. L'économie politique, qui soutient et prône ce régime, est la théorie du vol, comme la propriété, dont le respect entretient un pareil état de choses, est la religion de la force ;

9° A son tour, la communauté est l'antithèse de

la propriété, vicieuse comme elle, comme elle contradictoire. Elle prend pour principe la fraternité, qui est sa fin. Elle ne peut se constituer sans une loi de répartition, et la répartition la détruit, en établissant le monopole. Elle ne peut s'organiser sans diviser le travail, et le travail ne peut se diviser sans l'intervention de la liberté, qui tue la communauté ;

10° La population s'accroît plus vite que la production (Cette difficulté n'embarrasse plus la France de 1909). L'économie politique, par la bouche de Malthus, condamne à mort les enfants trop nombreux des pauvres, en les laissant tuer par la faim ou en faisant prévenir leur conception. Le remède n'est pas là. Il est dans le travail ; il est dans l'apaisement et la purification de l'amour par le mariage.

En résumé, le socialisme est une utopie, l'économie politique une routine, la première parlant au nom de la seule raison, l'autre au nom de la seule expérience. Raison et expérience, depuis longtemps divorcées, doivent être conjointes de nouveau par la science sociale. En d'autres termes, la philosophie, théorie de la raison, a besoin d'être contrôlée par le travail, pratique de la raison.

Le temps n'est pas loin, Proudhon l'espère, où les maîtres, en fait de sciences morales et politiques, seront dans les ateliers et les comptoirs. La philosophie du moi humain, manifesté par le travail, est le champ d'exploration de l'économie politique, forme concrète de la philosophie, et qui est pour nous une ontologie, une logique, une psychologie, une théologie, une politique, une esthétique et une morale.

L'objet de la science économique est la Justice.

Or, dans les rapports qu'étudie l'économie sociale, la Justice a pour expression la *valeur*, qui n'est que du travail réalisé, et en même temps le principe de la comparaison des produits entre eux. Les économistes ne veulent pas entendre parler de la valeur absolue, parce qu'ils remettent au libre arbitre la fixation des valeurs ; mais le vœu suprême de la société est que les valeurs se mesurent l'une à l'autre et cessent d'osciller au hasard, jusqu'à l'établissement de l'égalité, loi suprême.

En attendant, il faut mener la lutte du travail contre le privilège, pour que la propriété cesse d'être la négation de la société, la spoliation du travailleur, le droit de l'improducteur, la raison du plus fort. La formule de l'équation générale qui résoudra les contradictions de l'économie sera une loi d'échange, une théorie de mutualité, un système de garanties satisfaisant à toutes les conditions d'efficacité, de progrès et de justice, indiquées au cours de l'ouvrage.

Cette fin des *Contradictions économiques* devait servir de conclusion à la préface qu'en 1848

Darimon mit en tête des articles de Proudhon relatifs à la Banque d'échange ; ainsi s'établit l'accord et la suite entre la critique de 1846 et les réalisations tentées en 1848.

La société que souhaite, que veut Proudhon, se dessine déjà nettement. C'est pourquoi nous avons dû insister sur ce livre.

La cité du travail, du travail qui n'est pas seulement facteur de production, mais initiateur de science et maître de vertu, réalise donc l'éducation de l'humanité par l'industrie, qui est la fin suprême de l'économie sociale. Les travailleurs excluent de chaque ruche les consommateurs qui ne veulent pas produire. Sans appel au gouvernement, dont ils se dispensent ou qu'ils ignorent, ils règlent et font leurs affaires eux-mêmes. De ruche en ruche, ils s'entendent, afin d'assurer aux meilleures conditions la production nécessaire, en divisant les tâches, et ils assurent aux meilleures conditions la consommation, en échangeant, sur le pied de la mutualité, leurs produits évalués selon la somme de travail moyen qu'ils ont coûté.

Donc, la possession des instruments de production et la jouissance des produits leur suffisent ; tout autre capital leur est inutile ; en réalité, il n'y a pas au monde d'autres capitaux que ceux-là ; il ne s'agissait que de dégager, par l'organisation de l'échange, le capital-travail inclus dans les produits. Le travail est libre ; la concurrence y est permise, puisqu'elle y est nécessaire, si la société ne veut pas retomber dans le paupérisme de la primitive communauté. Le travail est savant ; la besogne de l'ouvrier, selon les besoins, peut être spécialisée à telle parcelle de produit ; mais son savoir ne l'est pas ; il est capable d'exercer tour à tour les spécialités diverses de son métier. Le travail est responsable ; autrement dit, l'ouvrier est rétribué selon son produit.

Des esprits d'ancien régime peuvent être tentés de comparer la cité ainsi conçue à une usine. Ils n'y entendent rien. Sans doute, on y prépare la matière d'une vie aisée ; mais le bien-être n'est que le matérialisme de la liberté ; la raison en est l'instrument et la Justice la fin ; or, la constitution générale des valeurs, c'est-à-dire l'échange universel à juste prix et l'acceptation par chacun du salaire qui lui revient, ne peuvent s'opérer que par un effort de la raison et de la justice humaines. L'ouvrier, là, n'est plus une machine, mais un bras adroit actionné par un cerveau pensant, à la fois politique, moraliste et ingénieur, artiste à l'occasion. Hors de l'atelier, il vit dans son ménage, gravement, saintement, père de famille plutôt qu'époux, respectant sa femme plus que l'aimant, ou plutôt ayant changé l'idée et l'être de l'amour érotique tel qu'il se pratique aujourd'hui, pensant au bien de la société et en même temps à son profit personnel, à celui de ses enfants aussi ; car il leur léguera son épargne, nécessairement modique.

Voilà comment Proudhon est socialiste, tout en tenant à se déclarer « pur des infamies socialistes sur toutes les utopies d'organisation passées, présentes, futures ». Ainsi se justifie la déclaration fameuse : *Quiconque, pour organiser le travail, fait appel au pouvoir et au capital a menti, — parce que l'organisation du travail doit être la déchéance du capital et du pouvoir.* Une des plus grosses bêtises du siècle, assurait Benoît Malon. Une des plus profondes vérités du siècle, doit penser Anseele, et qui est l'âme même du vrai socialisme ; une prophétie réalisée dans quelques îlots perdus sur la surface de la terre, d'où une heureuse contagion pourra gagner de proche en proche.

1848. — LE FINANCIER RÉVOLUTIONNAIRE

Proudhon, sûr de ses idées, annonçait, sur la couverture des *Contradictions économiques,* comme devant paraître prochainement, un nouveau livre, *Solution du problème social.*

Il quitte Lyon à la fin de 1846, pour suivre de Paris les affaires générales de sa maison. Le voilà établi dans la capitale, au commencement de 1847, après s'être affilié à la franc-maçonnerie, devant la loge de Besançon, le 8 janvier de la même année.

Il s'engage à collaborer au *Peuple,* un nouveau journal destiné à paraître en décembre, et qui prendra pour manifeste l'ouvrage auquel il travaille, premier acte de la révolution économique. Soit difficultés avec ses patrons, soit besoin d'absolue indépendance, soit jalouse tyrannie de sa vocation, il se sépare des frères Gauthier, dont il restera d'ailleurs l'ami et, plus d'une fois, l'auxiliaire. Mais le *Peuple* ne réussit pas à se procurer un cautionnement.

La mère bien aimée et très admirée de Proudhon meurt à la fin de 1847, dix-huit mois après

son mari. Proudhon est si enfoncé dans son travail et si exalté par ses espérances de réformateur qu'il est moins sensible peut-être à ce deuil qu'à
cette déconvenue. Un coup de tonnerre le ramène
de l'avenir au présent.

La Révolution du 24 février a jeté à bas le trône
de Louis-Philippe et mis à l'ordre du jour de la
nation tout entière la question sociale. Le roi en
exil, la République proclamée, c'était, pour les politiques étatistes, une nouvelle époque de l'histoire.
Pour Proudhon, ce n'était rien, une place à bâtir,
sans maçons, sans autre architecte peut-être que
lui. L'avenir a montré qu'il voyait clair.

Tout retentissait des souvenirs de 93. Proudhon
protestait. Nous ne sommes, disait-il, que des
péquins, et nous n'avons à soigner que notre pot-
au-feu. Le gouvernement provisoire était pétri de
bonnes intentions, mais l'audace révolutionnaire
lui manquait. Proudhon aurait voulu qu'il profitât
de sa présence au pouvoir pour faire servir une
fois le pouvoir à quelque chose. On l'en a repris
comme d'une contradiction, sans comprendre que ce
n'était pas lui qui était changé, mais la situation, et
qu'un général habile, sur le champ de bataille,
n'hésite pas à violer les principes de sa stratégie
accoutumée, si le succès est au bout de cette incon-
séquence.

Après avoir d'abord présenté son socialisme

comme l'instrument de la conciliation universelle, quand Proudhon vit qu'il n'y avait rien à attendre de l'Assemblée élue le 23 avril, il prit une attitude violente d'opposition, multiplia les motions les plus révolutionnaires et poussa à la dissolution gouvernementale, tactique désespérée par laquelle, en s'exposant à des inimitiés féroces, il travaillait à créer par tout le pays une situation anarchique, dans l'espoir que le peuple, devenu le maître, donnerait à une élite issue de lui les moyens de résoudre en sa faveur les deux questions capitales posées par la Révolution de février, et qui, au fond, n'en faisaient qu'une : la première, économique, relative à la propriété et au travail, l'autre, politique, relative au gouvernement et à l'État.

C'est dans ces deux sens qu'il travailla, par la plume et par la parole, au *Représentant du Peuple* et à la tribune, quand il eut été élu député, aux élections complémentaires du 4 juin. Il faudrait raconter toute l'histoire de la seconde République, pour expliquer clairement les écrits les plus notables de Proudhon à cette date. On comprend que cette tâche est irréalisable ici. Bornons-nous à indiquer les grands traits de ses actes et de ses idées.

Le pays, riche la veille du 24 février, paraissait indigent le lendemain. L'argent se cachait ; pas de travail. Preuve, disait Proudhon, que la propriété n'est rien et que la circulation est tout.

En deux brochures, parues à la fin de mars, et qui furent réunies sous ce titre, *Solution de la question sociale,* Proudhon démontrait que la République, anarchie positive, n'avait rien à espérer et avait tout à craindre de la démocratie, régime d'aristocratie déguisée, absolutiste, matérialiste, rétrograde, impuissant à résoudre le problème social, et qui s'enorgueillit mal à propos d'avoir institué le suffrage universel, le plus sûr moyen, s'il n'est pas organisé, de faire mentir le peuple. Puis, il en venait au moyen pratique de ressusciter le crédit et de restaurer le travail. La société qui reçoit, disait-il, est le même être moral que la société qui prête ; par un sacrifice des créanciers de l'Etat sur leur rente, des propriétaires sur leurs fermages, du banquier sur l'escompte, de l'ouvrier sur son salaire, la mutualité des services offrira à chacun la compensation de ce qu'il abandonnera, et la circulation, languissante, sera augmentée d'autant. En conséquence, Proudhon proposait de réduire les revenus de toute nature, en réduisant simultanément le prix des produits, par la constitution proportionnelle de leur valeur. Une Banque d'Echange serait fondée pour organiser la circulation des produits ainsi tarifés, sans le secours du numéraire.

On peut à peine imaginer les miracles que Proudhon se promettait sur le champ de ces diverses opérations. Mais la naïveté du républicain probe et pauvre se montrait surtout dans l'espoir que l'idée de cette contribution volontaire, même avec promesse de retour, serait examinée un instant par ceux qui avaient les moyens de risquer une part de leur fortune. Les ouvriers avaient mis trois mois de misère au service de la République ; les riches n'y voulaient pas mettre trois sous. Dès ce moment s'amassa la haine qui, après le discours du 31 juillet, s'acharna sur Proudhon, baptisé l'homme-terreur. Et cependant, il respectait les personnes, il ne touchait pas au fonds des propriétés ; il demandait même sacrifice aux pauvres qu'aux riches.

Le 8 avril, dans une lettre très digne, il invitait Louis Blanc à faire agréer par le Gouvernement provisoire son projet d'organisation du crédit ; en même temps, il lui demandait de lui céder son idée et son action sur la nouvelle forme de société qu'il s'agissait de définir et de créer entre les travailleurs, entendez les ateliers nationaux. Quel courage, quelle bonne foi prouvait la démarche de l'homme qui sollicitait cette formidable responsabilité ! Louis Blanc ne répondit pas. M. Georges Renard, qui n'a pas été tendre à Proudhon, regrette que Louis Blanc ait opposé à ses avances un silence dédaigneux.

Le 4 mai, Proudhon prédisait que l'Assemblée, qui devait tenir le lendemain sa première séance, serait incapable de rien faire pour ranimer la production et la circulation. Il déclarait la patrie

en danger, demandait la création d'un comité provisoire pour organiser l'échange, le crédit et la
circulation, avec l'aide de comités analogues formés
dans les principales villes ; ces comités consti-
tueraient, à Paris, une représentation du prolétariat, en face de la société bourgeoise, et forme-
raient la société nouvelle au milieu de l'ancienne.
Mais, jusqu'à ce que fussent épuisés les moyens
économiques, Proudhon protestait contre les
moyens de violence.

Élu député le 4 juin, il s'absorba dans les travaux
de la commission des finances.

Les journées de juin éclatèrent le 23, sans qu'il
les eût prévues. On sait comment Cavaignac étouffa
l'insurrection ouvrière. La répression fut aussi
effroyable que la peur de la bourgeoisie avait été
vive. Proudhon et Lamennais dans la presse, Pierre
Leroux et Caussidière à l'Assemblée, intervinrent
vainement pour les insurgés.

Proudhon publia, le 8 juillet, un article sur le
Terme, où, invoquant le chômage universel et la
détresse des travailleurs, il invitait les locataires
et les fermiers à présenter une pétition qui fût, non
pas une supplique, mais un ordre, pour demander
que remise fût faite par les propriétaires d'un tiers
sur le montant des loyers et des fermages pendant
trois années. Cavaignac suspendit le *Représentant
du Peuple*. Alors Proudhon étendit l'idée de ce

dégrèvement à toutes les sommes dues par les particuliers et par l'État, pour attribuer une moitié de ces remises aux débiteurs de tout genre et l'autre au trésor public.

Il rédigea en ce sens une proposition de loi, qu'il soutint à l'Assemblée, le 31 juillet, dans un long discours, haché d'interruptions furibondes et outrageantes, où pour la première fois un représentant du peuple opposait le prolétariat à la bourgeoisie, au sens où nous entendons aujourd'hui la lutte des classes, selon la formule marxiste. Proudhon n'eut pour lui que la voix de Greppo. Mais sa conscience et peut-être son orgueil ne s'y trompèrent pas : malgré ce désastre parlementaire, son discours du 31 juillet 1848 restait un événement de premier ordre. Grâce à Proudhon, a dit justement Beslay, quand jamais la cause des travailleurs n'avait été plus écrasée, jamais elle ne s'était plus imposée à l'opinion.

La parole de Proudhon ne valait d'ailleurs pas sa plume. Il reconnaissait que la nature lui avait refusé le don du bien dire. Il écrit bien, mais il parle mal, écrivait, à son pupitre, Victor Hugo, écoutant Proudhon à la tribune. Dans un petit cercle, cet orateur insuffisant était d'ailleurs un causeur prenant et un conférencier agréable, d'après Philibert Audebrand et d'après Francisque Sarcey, qui souhaitait d'avoir à l'École normale des professeurs aussi diserts.

Les 16, 17, 18 août, le *Représentant du Peuple* était encore saisi et bientôt disparaissait. *Le Peuple,* qui lui succéda, d'abord hebdomadaire, puis quotidien, fit paraître, dans un numéro spécimen du 2 septembre, son *Manifeste électoral,* que l'avenir gardera et que les socialistes du jour consulteraient avec profit.

Le 5 octobre, Proudhon publia un projet de discours sur le droit au travail. Bientôt, il allait avoir contre lui, avec toute la réaction, toute la Montagne, qui le tint en suspicion pour avoir refusé de se joindre à un vote de défiance contre le ministère Dufaure-Vivien. Proudhon avait ainsi payé une dette de reconnaissance à Vivien, qui n'avait pas voulu poursuivre, en 1840, son premier Mémoire sur la propriété ; ce détail est pour les lecteurs de M. Desjardins, qui a refusé de croire à la gratitude de Proudhon.

De cette abstention, qui aggrava encore des griefs d'ordre foncier, naquirent des récriminations violentes, un duel avec Félix Pyat, une provocation de Delescluze, que Proudhon déclina, ayant fait ses preuves. Un des épisodes de cette guerre civile entre républicains fut le fameux *Toast à la Révolution* (17 octobre). Proudhon a rendu plus tard un bel hommage à ses adversaires d'un moment : « Ceux qui étaient venus pauvres s'en sont allés plus pauvres qu'auparavant, après avoir mené une vie d'enfer. » Ces mœurs surannées avaient du bon.

Le 4 novembre, la Constitution fut votée par 739 voix contre 30, dont 16 de la Montagne. L'anarchiste Proudhon était des 30. Le jour même, il écrivait au *Moniteur*, pour dire et expliquer ce qu'il avait fait : « J'ai voté contre la Constitution, parce que c'est une constitution. » Ce qui ne l'empêcha pas de s'y tenir énergiquement par la suite, comme à l'ancre qui préservait la République de s'en aller à la dérive, sous l'effort des partis de réaction.

Le 10 décembre, Louis-Napoléon était élu président de la République, avec une majorité écrasante sur Cavaignac. Les candidats démocrates, Ledru-Rollin et Raspail, auquel s'était rallié Proudhon, non sans témoigner courageusement une sorte d'estime à Cavaignac, l'irresponsable vainqueur des tristes journées de juin, n'obtenaient ensemble guère plus de 400.000 suffrages. Ce n'était qu'un échec politique ; la veille même, Proudhon en prenait publiquement son parti d'avance, se réservant d'organiser, sur le terrain industriel et commercial, la masse travailleuse qui aurait voté pour la démocratie. Il avait combattu le Bonaparte dans un pamphlet, d'une verve extraordinaire, sur la Présidence. Il l'eût mieux aimé ailleurs qu'à l'Élysée ; mais il se prit à espérer que le pouvoir allait, entre ses mains, travailler pour la Révolution contre les thermidoriens de tout poil, sous la pression de ses électeurs. Illusion qu'il entretiendra longtemps encore, qu'il aggravera même, quand il composera un livre, au lendemain du 2 décembre, pour soutenir que la révolution sociale vient d'être démontrée par le coup d'État.

Le 26 décembre, il écrivait à un ami qu'il allait fonder la Banque du Peuple. Plus de lettres jusqu'au 2 février; Proudhon, qui s'use à la lutte, a succombé un moment à son premier accès de fatigue profonde. La lettre du 15 février 1849 au fidèle Maurice donne une idée des embarras et des occupations de tout genre dans lesquels il est pris, politique, journalisme, création financière, santé, argent, labeur fou. Sa définition du travail a été faite à sa mesure : « Travailler, c'est se dévouer, c'est mourir. »

L'acte constitutif de la Banque du Peuple, destinée à créditer le travail, avait été passé devant notaire le 31 janvier 1849. C'est le temps le plus heureux de la vie de Proudhon, a-t-il écrit, si grandes sont alors sa foi et son espérance. Nous nous contenterons de mentionner cette institution, qui resta sur le papier, et dont les statuts, contradictoires à son objet même, montrent à quel degré un esprit supérieur peut s'abuser sur ses conceptions. Le bon Beslay n'avait pas eu de peine à en discerner les irrémédiables faiblesses ; il en fut pour sa clairvoyance et sa franchise, qui du moins lui gagnèrent l'amitié de Proudhon.

Le banquier du peuple, plein d'enthousiasme, allait passer de la théorie à l'action ; mais il fut condamné, en mars 1849, à trois ans de prison pour deux articles mordants contre le Président. Il s'échappa en Belgique, puis revint, sans précautions, à Paris, où il fut reconnu et arrêté le 6 juin. Dans l'intervalle, le préfet du Doubs était avisé par l'Intérieur qu'on eût à s'assurer de sa personne, s'il rentrait dans son département, « où on croit qu'il a des fonds placés ». C'est l'éternelle calomnie contre les amis du peuple. Proudhon n'avait au pays que des dettes honorables et des parents pauvres, et le pouvoir ne l'ignorait pas.

Le 7 juin, il écrivait de Sainte-Pélagie qu'il était presque content de sa prison, où il se promettait de bien travailler, pour la Révolution et pour ses créanciers. A ce moment, la nouvelle du siège de Rome par les troupes françaises, surexcitait les esprits ; — Proudhon a daté de cet événement son hostilité définitive à l'Église —; la Montagne proclamait le devoir de l'insurrection, pour venger la Constitution violée. De là, la journée du 13 juin, où le parti dit de l'ordre eut vite le dessus. Divers journaux furent saccagés, entre autres le *Peuple*, qui, déjà suspendu, fut tué du coup. Proudhon devait fonder, après quelques mois, la *Voix du Peuple*, dont le premier numéro parut le 20 septembre 1849, et le dernier le 14 mai 1850.

Il occupa la fin de l'année à écrire les *Confessions*

d'un révolutionnaire, datées de Sainte-Pélagie (octobre 1849), auxquelles il ajouta, deux ans après, un *Post-Scriptum, Apothéose de la classe moyenne.* C'est une histoire de la Révolution de février, jugée par un de ses acteurs ; ce sont aussi des mémoires précieux sur la vie et la pensée de Proudhon. J'en extrais, ne pouvant faire plus, cette triple formule, qui résume bien son programme politique et social : « Il faut vaincre le pouvoir, en ne lui demandant rien ; prouver le parasitisme du capital, en le suppléant par le crédit ; fonder la liberté des individus, en organisant l'initiative des masses. »

Du 12 novembre 1849 au 10 février 1850, eut lieu, dans la *Voix du Peuple,* sa polémique avec Bastiat, sur l'intérêt des capitaux. Bastiat comprit mal Proudhon, comme l'a reconnu M. Gide. On a souvent écrit que Proudhon fut lamentablement battu dans cette controverse. Mülberger, qui en a traduit les pièces, exalte l'argumentation victorieuse de Proudhon, dans une préface à étudier. Du même temps est la polémique de Proudhon contre les « statolâtres » Pierre Leroux et Louis Blanc. « Notre idée de l'anarchie est lancée ; le non-gouvernement grandit, comme jadis la non-propriété. »

MARIAGE CIVIL

Quelques semaines après, à la fin de décembre 1849, Proudhon se mariait avec une ouvrière passementière, Euphrasie Piégard, sans instruction, mais de mœurs sévères, d'un sens droit, d'un cœur aimant, la compagne qu'il lui fallait. Elle avait 27 ans, lui près de 41 ; ils se connaissaient depuis deux ans.

Mirecourt a essayé de salir cette union, consommée avant les noces, prétendait-il. Proudhon a répondu par des dates, et mieux encore, par une dénégation d'honnête homme, qui fait foi.

Sauf une idée excessive, à notre gré, de son autorité maritale, il fut le modèle des époux, puis le modèle des pères. Sa maison chaste, pauvre, digne et hospitalière, fut celle du républicain, tel qu'il l'entendait et tel qu'il était.

M. Bourguin a parlé avec une légèreté fâcheuse du mépris grossier que Proudhon avait de la femme. Ici encore, comme tant de fois ailleurs, la censure n'a connu l'avis de Proudhon que sur un des termes d'une antinomie et s'est permis de trancher sur une question dont elle ignorait la moitié ; jeux de princes, auxquels la critique nous habitue de plus en plus. Nous avons des lettres de Proudhon, charmantes de grâce émue, quand il parle de sa femme et de ses filles : « Le plaisir de voir une jeune femme à soi, nourrissant un enfant de soi, efface toutes les peines de la vie et vaut tous les sacrifices... Une femme est un ange pour un homme... Par le cœur, elles valent mieux que nous. »

Madame Proudhon était croyante ; elle consentit cependant au mariage laïque ; mais elle avait dans sa chambre un crucifix qui scandalisa un jour madame Ackermann, et dont Proudhon publia sans gêne l'existence à la fin de *la Justice*. Il avait juré qu'il tuerait le prêtre, si le prêtre voulait mettre la main sur ses enfants, et M. Jules Troubat, instruit à ce sujet par sa veuve, nous apprend qu'il fit enseigner à ses filles la religion, qu'il considérait comme la philosophie des femmes. « La femme qui prie est sublime ; l'homme à genoux est presque aussi ridicule que celui qui bat un entrechat. » Le philosophe qui a écrit cette phrase était-il fondé à reprendre durement Renan et les penseurs aristocrates, qui se passent ou s'éloignent de la religion, tout en la jugeant nécessaire au peuple ?

En vérité, l'état d'âme de Proudhon, quant à la

religion, reste une énigme, aussi bien que sa doctrine. Il était contre toutes les Églises, voilà qui est certain, contre le Dieu des théologiens aussi ; mais il avait en lui, vivante et passionnée, ce qu'il a appelé la faculté religieuse de l'homme, et sa faculté religieuse cherchait, avec une sorte d'angoisse, un objet de culte, au moins de vénération, faute duquel l'humanité lui paraissait condamnée à déchoir. Matérialiste, athée, ces mots étaient pour lui les pires des injures ; il déclarait la France religieuse dans le cœur et la raison ; la révolution sociale lui paraissait destinée à élever le christianisme à sa deuxième puissance ; c'est alors seulement, disait-il, que nous connaîtrons la religion, que l'on saura quel est notre Dieu, quelle est notre foi.

Le mariage laïque de Proudhon nous a donné l'occasion d'introduire ici l'article de ses sentiments en matière de religion, sujet difficile qui, dans une étude plus longue, mériterait un examen à part et détaillé. En Proudhon, a dit justement M. Diehl, l'homme était plus religieux que le philosophe socialiste. Dans les derniers temps de sa vie, il répétait avec force : « Il faut remonter aux sources, chercher le divin. » Il ne voyait alors que la famille qui pût nous intéresser tous d'esprit et de cœur, et nous fournir la matière, la flamme aussi, d'une religion. Il n'avait pas attendu cette méditation pour pratiquer la religion du mariage

et pour considérer le foyer conjugal comme un
sanctuaire.

Madame Proudhon s'était installée rue de la
Fontaine, 9, en face de Sainte-Pélagie. De leurs
fenêtres, les deux époux pouvaient se voir ;
Madame Proudhon était admise à visiter son mari,
et Proudhon avait chaque mois quelques jours de
sortie. Mais des articles violents de *la Voix du
Peuple* le firent successivement envoyer à la Conciergerie, puis à la citadelle de Doullens, d'où on
le ramène à Sainte-Pélagie, puis à la Conciergerie,
en le privant des visites de ses amis et même de sa
femme. La *Voix du Peuple* est supprimée le
14 mai 1850. A la fin du mois, Proudhon com-
paraît devant la cour d'assises de la Seine, pour
répondre d'un article du 14 avril : « Vive l'Empereur ! » Il est acquitté.

Le 15 juin, le *Peuple* succède à la *Voix du Peuple*.
Proudhon y bataille contre les Montagnards réfu-
giés à Londres, raille les grands mots creux de
leur programme radical, signale les dangers de leur
programme communiste. Le *Peuple* ne tarde pas
à succomber sous les rigueurs du pouvoir (15 octobre 1850). La presse est bâillonnée ; il faut
renoncer au journalisme.

Proudhon s'attelle alors à un grand ouvrage,
Pratique révolutionnaire, qui ne devait pas voir le

jour. Dans sa correspondance de cette période se trouvent des lettres capitales, entre autres à un ancien collaborateur, qui lui a reproché des actes, des écrits, des conseils antidémocratiques, et à Michelet sur les quatre premiers volumes de l'*Histoire de la Révolution*.

En juillet 1851, il publie l'*Idée générale de la Révolution au XIXe siècle*, à laquelle nous nous arrêterons tout à l'heure. Dès le mois suivant, il annonce une *Histoire générale de la Démocratie moderne*, des *Tables révolutionnaires*, une brochure sur les *Chemins de fer*, pour fournir un modèle aux associations ouvrières. Sa tête bouillonne de projets. Il médite aussi sur la théologie humanitaire, le X qui doit remplacer le catholicisme.

« IDÉE GÉNÉRALE DE LA RÉVOLUTION AU XIXᵉ SIÈCLE »

L'*Idée générale de la Révolution au XIX*ᵉ *siècle* est un des ouvrages capitaux de Proudhon. Il l'a dédié à la bourgeoisie, les bourgeois étant toujours les plus intrépides, les plus habiles révolutionnaires.

La révolution sociale consiste à substituer au régime gouvernemental, féodal et militaire, le régime industriel, qui ne ferait nullement des industriels — c'est-à-dire des ouvriers d'industrie — une caste prépondérante, mais qui serait une constitution de la société ayant pour base, à la place de la hiérarchie des pouvoirs politiques, l'organisation des forces économiques. Cette révolution doit être accomplie selon la justice et pour le bien de tous. Afin de la préparer comme il convient, il faut savoir que l'association (au sens *sociétaire*, à demi communautaire) n'est ni une force industrielle ni une loi de l'économie, que le gouvernement direct (ou législation plébiscitaire) n'est qu'une fausse application du principe d'autorité, qu'un principe nouveau, la *réciprocité*, se substitue peu à peu dans les associations ouvrières à l'idée sociétaire, et se traduit en politique par l'idée de contrat, opposée à l'idée de gouvernement.

Si ces principes sont reconnus vrais, ils déterminent la façon de procéder à la liquidation sociale et à la dissolution du gouvernement dans l'organisme économique. Proudhon s'emploie donc à en démontrer la vérité en des pages restées aussi vivantes que le jour où il les écrivait.

Les réactions déterminent les révolutions. Une révolution est une force irrésistible ; pour en conjurer les périls, il n'y a qu'à lui faire droit. 89 a détruit et oublié de fonder. Aujourd'hui, une superficie plâtrée couvre à peine l'anarchie et la plus épouvantable démoralisation. Les forces économiques sont perturbées ; la société s'enfonce dans la misère. Le remède ? Abolir les droits seigneuriaux des capitalistes, comme on a fait ceux des nobles et des couvents. Les forces politiques sont tout entières tournées à la centralisation et à la tyrannie. Le remède ? La liberté. Et on nous offre l'autorité, l'autorité, qui, dit-on, est nécessaire à l'ordre, en raison de l'inégalité des facultés (d'où l'on déduit celle des conditions) et de la divergence des intérêts. Oui, c'est là le problème social, et vous croyez en venir à bout par les baïonnettes et la prison !

La solution est ailleurs. D'autres l'ont trouvée dans la communauté, l'association, la série industrielle. Proudhon affirme pour sa part qu'elle est dans l'organisation des forces économiques, sous la loi suprême du contrat. Il veut l'ordre, autant que personne au monde, mais comme un effet de sa volonté. Des lois, il n'en faut pas, ou plutôt deux suffisent : — Ne faites pas à autrui ce que vous ne voulez pas qu'on vous fasse ; Faites à autrui ce que vous voudriez qu'on vous fît —, formule élémentaire de la justice, règle de toutes les transactions, qui nous ramène à l'idée de contrat, conséquemment à la négation de l'autorité. Pas de constitution. La monarchie constitutionnelle nous fait gouverner par des députés bourgeois qui, apparemment, ne connaissent pas mieux que moi mes vrais intérêts. Après le suffrage censitaire, on a vu à l'œuvre le suffrage universel, qui fait examiner par dix millions d'électeurs des questions telles que la garantie du travail et la juste mesure de la propriété, où les hommes politiques ne voient goutte.

La science économique seule peut venir à bout de tels problèmes. Voici le programme et le plan qu'elle suggère à Proudhon, et qu'il voudrait voir imposer par le peuple à ses représentants, de telle sorte que la révolution sociale, légitime en soi, ait de plus l'avantage d'être accomplie légalement, pour prévenir toute contestation tirée de l'ancien ordre des choses.

Une Banque nationale, constituée par décret de l'Assemblée, mais étrangère dès sa naissance au gouvernement, aura pour objet, non de faire des bénéfices, mais de tuer l'usure et d'amener le bon marché de l'argent, par la modicité de l'escompte et la prestation du crédit. Grâce à elle, l'intérêt de l'argent sera réduit. Dès lors, l'État n'aura qu'à procéder à des conversions successives pour diminuer la dette publique, étant admis en outre que l'intérêt servi aux rentiers sera déduit du capital à eux redû.

Les dettes hypothécaires, les obligations simples, seront amorties selon le même principe ; semblablement, les loyers payés, les fermages acquittés, constitueront un droit proportionnel de propriété sur les immeubles et le sol, jusqu'au moment où la propriété, intégralement remboursée, relèvera de la commune, qui partagera avec le fermier la nue propriété et le bénéfice net de la terre.

Plus tard, l'expropriation pourrait bien se faire sans indemnité préalable. Nous sommes maîtres aujourd'hui de procéder avec toute la prudence, toute la modération utiles ; n'attendons pas le moment où « notre destinée pourrait ne plus dépendre de notre libre arbitre ».

Le crédit et la propriété étant ainsi assurés à tous, pour achever l'organisation des forces économiques, il reste à diviser le travail, en usant des machines et de la force collective, mais sans multiplier les associations, ni concentrer la production, là où il n'est pas nécessaire. Il y a place dans la société pour les travailleurs isolés, paysans, artisans, petits fabricants, petits ateliers. En revanche, toute entreprise, qui exige l'emploi d'un grand nombre d'ouvriers, donne lieu à la formation d'une compagnie ouvrière, mais fondée sur le principe de réciprocité, et non sur celui de fraternité ; car « la meilleure des associations est celle où, grâce à une organisation supérieure, la liberté entre le plus et le dévouement le moins. »

Le règlement de ces compagnies ouvrières, combinant les avantages de la force collective et de la division du travail, comportera l'éducation encyclopédique des travailleurs. D'où ce résultat, cher à tout révolutionnaire : la fusion de la classe bourgeoise avec le prolétariat.

Tous ces producteurs, paysans, industriels, commerçants (pour Proudhon, le commerce n'est nullement d'institution parasite), devront assurer un échange normal et commode des produits, en d'autres termes, la vie aisée et à bon marché, par la constitution de la valeur ou du juste prix : cela, non point par amitié réciproque, comme l'a prétendu la critique de Renouvier ; il n'est pas de plus gros contre-sens ; mais par le sentiment d'un intérêt bien entendu, qui s'accorde avec la justice.

Ces résultats économiques acquis, le gouvernement tombe. La société laisse les fidèles régler leur culte et payer leurs prêtres. Les tribunaux d'État sont abolis, pour donner place à des juridictions volontaires, comme celles qui fonctionnent aujourd'hui par la constitution d'arbitres. L'administration et la police sont assurées par les citoyens. L'instruction publique devient l'apprentissage. Le ministère des finances est remplacé par un bureau général de statistique. Plus d'armée ; des milices. La Révolution, gagnant de proche en proche, supprimera les Affaires étrangères ; quel besoin d'entretenir des relations diplomatiques entre peuples également acquis au programme révolutionnaire ? L'institution gouvernementale abolie, le problème de la République universelle est résolu ; la révolution économique a fait ce que les Césars et le christianisme ont vainement tenté.

Cette partie politique de l'ouvrage que nous analysons justifie la critique adressée à Proudhon par M. Antonio Labriola : il ferme les yeux pour ne pas voir l'État, et il croit que l'État n'existe plus. Que seront donc les conseils municipaux, départementaux, provinciaux, qu'il prévoit, sans parler du conseil national, qui reste à prévoir ? Ailleurs, moins emporté par la passion, il a reconnu que l'anarchie est un idéal irréalisable, dans sa plénitude, mais que le devoir est d'approximer. Réduite à ces termes irréprochables, presque toute sa critique de l'autorité subsiste. A défaut d'autres titres, elle suffirait à lui assurer l'admiration et la reconnaissance des hommes libres.

Le mot final de l'ouvrage, vrai d'une vérité générale, si on l'entend comme Proudhon, précieux pour expliquer en partie sa pensée et ses actes dans les temps malheureux où nous arrivons avec lui, est : LA RÉPUBLIQUE AU-DESSUS DU SUFFRAGE UNIVERSEL, LA RÉVOLUTION AU-DESSUS DE LA RÉPUBLIQUE.

LE COUP D'ÉTAT

Le 3 décembre 1851 était jour de sortie pour Proudhon. Le gouvernement, qui avait commencé son crime la veille, lui ouvrit les portes de la prison comme à l'ordinaire.

M. Tchernoff, d'après le statuaire Etex, affirme que Proudhon était disposé à se battre et à se faire tuer. Au contraire, Victor Hugo raconte qu'il vit, à l'entrée du faubourg Saint-Antoine, au moment où il essayait de soulever le peuple, Proudhon, qui lui conseilla de ne pas recourir aux armes, les ouvriers n'étant pas disposés à marcher. En son fond, ce témoignage doit être le vrai ; car, dans la suite, Proudhon regretta amèrement de n'avoir pas pris un fusil, et s'excusa de sa faute.

Sur le moment, il crut que Louis-Napoléon allait se faire l'agent de la Révolution contre une Assemblée rétrograde et contre les vieux partis. Résigné, pour le bien de la cause, à « se laver les mains avec du fumier », il se voyait déjà appelé aux conseils du Président ; il écrivait au ministre de la Marine et des colonies, pour lui suggérer l'idée d'un établissement en Guyane, à fonder au moyen des déportés et des transportés ; il obtenait une audience de Morny, qu'il entretenait des devoirs révolutionnaires de Louis-Napoléon, et le rusé ministre lui accordait carte blanche « pour combattre la réaction politique, en même temps que les jésuites ». Il s'abusait ; on le jouait ; il était aveuglé, sauf de rares moments de clairvoyance. Des admirateurs sans critique ont exalté de lui maints traits frappants de divination, oubliant de mettre en regard des aberrations non moins fortes et de fausses prophéties, que l'événement a bafouées. Tous les hommes de vive passion et d'imagination ardente en sont là, Proudhon avec de Maistre et d'autres. Il suffit ici d'avoir établi sa bonne foi, à défaut de sa lucidité.

Le 4 juin 1852, arrivé au terme de sa peine et enfin libéré, il se permit une orgie de flânerie, de prodigalité et de gourmandise : douze heures, passées avec des amis au bois de Meudon, deux longs repas, le tout pour cent sous par tête ; puis il se remit à la tâche. Ainsi s'ébattait le Sardanapale socialiste, que M. Desjardins a connu « possédé des mêmes appétits » que le prince Jérôme Napoléon.

Dans la première semaine de juillet, il publie *La Révolution sociale démontrée par le coup d'État*. La censure avait opposé son veto à la vente. Proudhon s'en plaignit au Prince-Président, qui leva l'interdiction, satisfait de voir son gouvernement défendu par un Proudhon contre la démocratie européenne, unie aux Montagnards, et comptant sur les espérances qu'il donnait au socialisme, sur les avances qu'il en recevait, pour inquiéter l'opposition conservatrice et la rapprocher de lui. Proudhon, qui se félicitait de son bon coup, n'avait pas de quoi en être aussi content que le futur Napoléon III.

La Révolution sociale démontrée par le coup d'État soumet Louis Napoléon à cette alternative : ou césarisme, à l'imitation de Napoléon Ier, ou anarchie. Or, l'imitation de Napoléon Ier est impossible, ou tout au moins elle serait absurde, comme le fut toute la conduite de ce grand soldat, dont le règne a fourni à la poésie des trésors, et presque rien à l'histoire. Le blocus continental a ruiné Napoléon Ier. Son neveu peut vaincre l'Angleterre, armée de la balance du commerce, par la réduction des rentes et intérêts, par un système de crédit, par toutes les mesures que réclame la révolution sociale, autrement puissante, même en politique, que les armées et les flottes. Ainsi conduite par son chef dans la voie du progrès social, la France va rajeunir le monde et créer l'unité du genre humain.

C'était là plus de confiance que n'en donnait à attendre un chapitre consacré aux actes récents du 2 décembre, où Proudhon blâmait autant qu'il encourageait.

Au début du livre, Proudhon s'élevait contre le préjugé général, d'après lequel les peuples cherchent toujours à remplacer leur gouvernement par un gouvernement meilleur, afin de suivre la loi du progrès. Après Bacon et Kant, le progrès est qu'il n'y a plus de place pour un système de philosophie ; depuis Luther, plus de place pour une religion, la religion venant toute faite du ciel, ou n'étant pas ; de même, il n'y a plus de place au monde pour un gouvernement, tous étant démontrés mauvais, et la société n'ayant à chercher que l'équilibre de ses forces naturelles.

Plus loin, Proudhon distinguait, dans la nation française, trois classes, destinées à se perpétuer, tant que la révolution n'aura pas été faite dans l'économie : 1° une bourgeoisie capitaliste et conservatrice ; 2° « une classe moyenne, au sein de laquelle vit et s'agite l'esprit de liberté, qui possède la raison de l'avenir, et qui, refoulée d'en haut et d'en bas par l'insolence capitaliste et l'envie prolétarienne, n'en forme pas moins le cœur et l'esprit de la nation » ; 3° « un prolétariat, plein de sa force, que la prédication socialiste a enivré, et qui, à bon droit, sur l'article du travail et du bien-être, se montre intraitable ». Le vœu, le but de Proudhon est de supprimer la première de ces classes et de fondre la troisième dans la seconde.

Ce plan datait d'hier et même d'avant-hier dans sa pensée. Mais il se présente maintenant avec des traits quelque peu nouveaux. La soumission récente du peuple à un chef, même supposé révolutionnaire, a augmenté l'estime de Proudhon pour les lumières et l'indépendance de la classe moyenne et diminué sa confiance dans la plèbe, qui reste à convertir à l'humanité.

Ce sont ses frères ; il leur promet son appui ; mais, en attendant, il les traite, ici et surtout dans sa correspondance, avec une violence de mépris qui afflige. Son excuse, c'est que plus que jamais il va travailler à les rendre capables d'émancipation, en les instruisant. Démocratie, c'est *démopédie*, éducation du peuple. La tâche peut se faire, même sous l'empereur que la France vient de couronner par le plébiscite du 20 novembre.

LE SILENCE DE L'EMPIRE

Proudhon va ensuite faire un tour au pays natal, où il cherche en vain une situation industrielle ou commerciale. Il devra donc reprendre la plume. « Écrire, toujours écrire ! Qui me délivrera de cet enfer? » Mais un pire malheur, c'est que le régime ne lui permettra pas de publier un nouvel ouvrage. Il s'agite pour obtenir la permission de faire paraître une *Revue du Peuple*. Il refuse de se laisser porter à la députation, n'étant pas d'accord avec l'opposition républicaine sur la prestation du serment ; élu, il jurerait, prêt à tout, indifférent à tout, excepté au crime, pour servir sa cause. Le *Siècle* l'attaque violemment à ce sujet.

L'idée lui vient de quitter Paris et la France, d'autant plus que le catholicisme triomphe et a mis la main sur la censure. Le prince Napoléon lui fait savoir que l'autorisation nécessaire a été refusée à sa *Revue*, par l'influence des jésuites. Il perd en appel, à Besançon, un procès imperdable en droit et en équité ; toute la ville crie que ce déni de justice est dû aux intrigues du clergé. « C'est une guerre à mort entre la prêtraille et moi... A moins d'un assassinat, je ne céderai pas, et, je vous le prédis, ils y périront. » Il va instruire le procès du catholicisme, comme naguère celui de la propriété.

En mars 1853, un espoir de fortune. Proudhon doit participer à l'entreprise du chemin de fer de Besançon à Mulhouse. Mais la concession est accordée à Magne et à Pereire, qui lui offrent en dédommagement une somme de 20.000 francs. Proudhon ne veut pas de cette petite fortune ; il n'a pas menti jadis, en écrivant que « de l'argent et une idée sont deux quantités incommensurables ». Sa fière probité s'explique sur ce refus avec le prince Napoléon, qui l'en a repris, et avec l'ami Maurice, qui l'en a grondé.

Des familiers se sont brouillés avec lui, parce qu'il persiste à voir le prince, qu'il intéresse aux proscrits, et dont il attend une aide révolutionnaire auprès de l'empereur, soit par les conseils, soit par l'émulation ombrageuse que peut donner au chef du pays son héritier désigné.

Il veut faire imprimer une brochure, à laquelle la police a donné son visa ; aucun imprimeur n'ose accepter cette tâche périlleuse. On tire en Belgique. Le ballot est retenu à la frontière. Proudhon se plaint au ministre de l'Intérieur. Enfin, l'ouvrage est admis à entrer, à la fin de 1853. Aucun libraire de Paris ne consent à le mettre en vente.

Quelques exemplaires ont pu courir. Aussitôt,

les critiques pleuvent. Proudhon, exaspéré, voudrait, « comme Caligula, que l'espèce humaine n'eût qu'une seule tête, pour la conspuer d'un seul coup ». Sa pensée, étouffée et bafouée en même temps, ce n'était pas seulement un obstacle à sa renommée, à la divulgation de ses idées, aux progrès de la bonne cause ; c'était le pain quotidien soustrait à sa femme et à ses enfants. Qui ne pardonnerait à un homme ainsi traité des éclats de colère, des explosions de fureur ? Et il n'était pas au bout de ses épreuves !

Cet ouvrage, qui eut tant de peine à paraître, et qui reçut un si mauvais accueil, la *Philosophie du progrès,* se compose de deux lettres écrites par Proudhon en 1851 pour se justifier des contradictions qu'on lui reprochait. Il est d'une philosophie trop technique pour qu'on en fasse ici une exposition en forme. Qu'il nous suffise de signaler, au chapitre IX, une doctrine morale que développera *La Justice dans la Révolution et dans l'Église,* l'Immanence (« la morale n'a de sanction qu'elle-même ; elle dérogerait à sa dignité, elle serait immorale, si elle tirait d'ailleurs sa cause et sa fin »), — et, au chapitre X, une démonstration du progrès de l'esthétique, où Proudhon se rencontre plus d'une fois avec Mme de Staël, sans rien lui devoir pourtant. La proposition et la conclusion du livre sont pour affirmer le progrès en tout et nier en tout l'absolu.

Renouvier a fait de l'ouvrage une critique pénétrante, en 1867, dans *L'Année philosophique* ; il en distingue justement la partie de spéculation, où Proudhon est fâcheusement influencé par Hegel (dans la réalisation des espèces, par exemple), et celle d'action, où Proudhon se relève, parce qu'il s'y abandonne à ses meilleures tendances pratiques et morales.

En décembre 1853, il se plaint de ne pouvoir mettre son nom au *Manuel du Spéculateur à la Bourse*, qu'il a fait en collaboration avec Duchêne, ancien gérant du *Peuple*. C'était d'ailleurs au début une assez mince brochure, qui grossit d'édition en édition. Proudhon fut autorisé à signer la troisième, qui parut le 1ᵉʳ février 1857, et qui eut un succès de vente considérable.

Jamais l'économie politique ne fut plus émouvante par l'intérêt du sujet, par le talent, les doctrines et la passion de l'écrivain. La spéculation boursière, voilà la matière de Proudhon ; les moyens d'y imposer un terme, voilà son objet. On devine ce qu'il a mis de verve et de vie dans l'ouvrage, au travers même des statistiques étendues et des rapports détaillés.

« Il faut, disait-il, que cette situation ait une issue : ou le triomphe du système, c'est-à-dire l'expropriation en grand du pays, la concentration des capitaux, du travail, sous toutes ses formes, l'alié-

nation de la personnalité, du libre arbitre des citoyens, au profit d'une poignée de croupiers insa-
tiables, — ou la liquidation. » La féodalité
industrielle a aujourd'hui une puissance de dévo-
ration autant au-dessus de la force absorbante de
l'ancienne que la lettre de change est au-dessus de
la pièce de métal. Voilà l'ennemi.

Le problème réformiste, pour la classe moyenne,
consiste : 1° à lui alléger le fardeau de l'impôt, du
capital et de la propriété, les frais d'État, de commission et de loyer ; 2° à lui subordonner les grandes compagnies qui se la subordonnent ; 3° à créer
le marché intérieur, en mettant les classes travail-
leuses à même d'acheter les produits dont la misère
les force à se priver.

On voit, par ce dernier article, comment les
intérêts de la classe moyenne sont connexes avec
ceux de la classe salariée ; les uns et les autres ne
diffèrent, selon Proudhon, qu'à la superficie. « Pour
la classe salariée, la plus nombreuse et la plus
pauvre, d'autant plus pauvre qu'elle est plus nombreuse, la réforme s'est de tout temps réduite à ces
trois termes : Garantie du travail, Vie à bon
marché, Instruction supérieure, aussi bien dans
l'ordre industriel que dans l'ordre scientifique et
littéraire ; conséquemment, participation croissante
de l'ouvrier aux avantages et prérogatives de l'entrepreneur, ce qui veut dire fusion des classes
dans l'égalité des aptitudes et des moyens. »

Proudhon se tourne alors vers le gouvernement impérial. Peut-il rembourser 30 milliards de dettes, diminuer de moitié le budget, procurer l'amélioration des salaires, la baisse des produits, rendre tous les paysans propriétaires, assurer à chacun le travail et l'échange, créer l'égalité politique et civile, fonder, sur sa propre autocratie, la liberté? « Si oui, qu'il l'entreprenne, et nous sommes prêts à applaudir. Si non, qu'on se taise ; laissez parler le procureur général de la Révolution. »

Par quel miracle le laissa-t-on parler? L'auteur des *Idées napoléoniennes* voulait apparemment laisser croire ou faire croire qu'elles n'étaient pas si différentes des idées proudhoniennes. Il n'est pas téméraire de supposer que la pensée de Proudhon a pesé sur celle du taciturne Napoléon III, dès 1852, et plus encore en cette année 1857, malgré l'opposition des conseillers de l'Empire, avec Darimon comme intermédiaire.

En face de la féodalité industrielle, Proudhon montrait ensuite la démocratie industrielle affirmant son avenir par la vitalité de quelques associations ouvrières, qui subsistent malgré tout sur les ruines de leurs sœurs, tuées par les faux principes et les folles illusions de 48. Ces associations prouvent que le travail peut commanditer une entreprise, aussi bien que le capital, et que la propriété des entreprises, aussi bien que leur direction, peut devenir progressivement collective. La difficulté ici est de trouver des hommes. C'est un fonds humain, non un fonds de capitaux qu'il s'agit de former.

Les initiateurs étant là, restera à grouper autour de chacun d'eux un certain nombre d'ouvriers moraux et intelligents, capables de concevoir les lois de l'économie sociale, destinés à devenir, ensemble, dans chaque catégorie de travail, une société moderne, véritable embryon d'un nouveau monde. Sans doute, il y a loin de la réunion en société de quelques centaines d'ouvriers à la reconstitution économique d'une nation de 36 millions d'âmes. Mais c'est beaucoup que la loi ait pu se poser dans la pratique comme dans la théorie. Vienne la secousse finale, l'inévitable liquidation ; il sera plus aisé d'organiser le travail sur toute la face du pays qu'il ne l'a été de former, à Paris, depuis 1848, les vingt premiers groupements ouvriers. Telle est, virtuellement, la capacité économique des travailleurs.

Proudhon passe rapidement sur les « Associations pour la consommation », sans voir le parti que le prolétariat peut en tirer, afin d'instituer successivement des œuvres diverses de production, qui assurent le juste prix des objets, comme le juste salaire des travailleurs, devenus échangistes selon ses principes, et qui créent incessamment ce capital social dont il parlait dans son premier Mémoire avec une simplicité magnifique, né de la collectivité, travaillant pour elle, accru sans cesse par elle, et multipliant le bien-être de ceux qui lui donnent vie et croissance.

Après avoir examiné ce qui se fait et ce qui peut se faire, en matière de cités ouvrières, de logements ouvriers, de sociétés d'échange, Proudhon conclut. Il croit à une transformation radicale de la société dans le sens de la liberté, de l'égalité, de la confédération des peuples ; mais il ne la veut ni violente ni spoliatrice. Il s'agit donc de trouver les voies et moyens. C'est par là qu'il termine ce *Manuel,* auquel nous renvoyons, faute de pouvoir transcrire ici ces explications finales.

Nous avons dû anticiper sur le temps. Revenons à 1854.

Proudhon désespère de faire sa *Revue du Peuple,* qui devait lancer de nouveau la Révolution. Il se rabattra sur l'histoire, qu'il espère transformer, et sur l'économie politique, qu'il espère constituer en science. Toutes ses lettres de ce temps-là roulent sur la guerre de Russie, qui se prépare, puis qui se déroule. Il médite de former, au printemps de l'année suivante, une association d'ouvriers, sur de nouveaux principes. Le 10 août, il prend rendez-vous avec son ami Villiaumé, qui veut lui présenter un écrivain, M. de Mirecourt, désireux de documenter une biographie de Proudhon. « A quoi bon toutes ces biographies ? » Celle-là, qui sera mensongère et calomniatrice, servira du moins à susciter *La Justice dans la Révolution et dans l'Église.* Proudhon a le choléra, et perd un enfant. Sa femme l'a soigné avec un dévouement admirable ; ses amis l'ont assisté ; c'est l'amour et l'amitié qui l'ont guéri. Sa femme, atteinte du fléau, en a été délivrée par le devoir de le soigner (lettre du 31 décembre 1863).

Au commencement de 1855, il considère notre armée d'Orient comme perdue.

Quant à sa situation personnelle, il est dans une période de sérénité ; il espère gagner sa vie, la dot de ses filles, la considération des hommes de cœur et d'intelligence. Il croit que la République a des chances de renaître et qu'il rendra lui-même ces chances invincibles par ses publications.

En février, il a l'idée de fonder une *Revue industrielle.* Veto du pouvoir, qui cependant laisse le vieux Robert Owen donner des leçons de communisme à Paris.

Proudhon publie, en mars, une brochure sur les Chemins de fer, que l'ancien batelier regarde avec l'œil partial, mais souvent clairvoyant, d'un concurrent sacrifié. L'intérêt de ce nouveau moyen de transport ne lui échappe pas ; mais il est sensible surtout à ses conséquences sociales, en ce qui concerne l'énormité du privilège reconnu aux Compagnies, et au prolétariat innombrable qu'elles créent, sans lui donner droit à la concession, droit aux bénéfices, comme il serait juste.

La paix va se faire, paix misérable. Tout le monde est mécontent ; le tyrannicide est à la mode ; les étudiants ont sifflé le professeur Sainte-Beuve, rallié au pouvoir. Le despotisme militaire n'est plus représenté par le tsar, mais par Napoléon ; il faut souhaiter la défaite de la France ; « périsse la patrie, et que l'humanité soit sauvée ! » Proudhon se moque de l'Exposition universelle, qui s'ouvre. Deux mois après, il forme le projet d'une Exposition perpétuelle, qui utiliserait comme entrepôt le Palais de l'Industrie, pour y mettre les produits en montre et en organiser l'échange. De là une brochure, inspirée des principes de la Banque d'échange, où Proudhon déroule le tableau de la révolution intégrale qu'accomplirait en peu de temps l'institution proposée par lui.

Un ami dévoué, Charles Edmond, trouve quelque chose d'inquiétant et d'horripilant dans ces gasconnades sincères. Proudhon s'excuse et s'humilie : « C'est toujours là l'effet de mon malheureux style. Sans que je le veuille, les choses grossissent, s'accentuent, s'accusent sous ma plume, de manière à mordre les imaginations timides. » Le style n'était là pour rien et la tactique pour fort peu de chose. C'est l'imagination de Proudhon qui était coupable, là et ailleurs. Il ne s'en est jamais rendu compte, bien qu'il ait reconnu souvent les fautes de pensée dont elle était la cause ; il les attribuait toutes à la fougue de son caractère et à la subtilité, aux entraînements de sa dialectique (v. cependant lettre du 4 nov. 1853).

A la fin de l'année, sa femme se remet à la passementerie, pour gagner les gages de la petite bonne comtoise.

Au nouvel an de 1856, Suchet, un ancien compagnon de cachot à la Conciergerie, adresse aux fillettes de Proudhon de trop copieuses étrennes. Proudhon le gronde affectueusement. Suchet veut faire part de sa prospérité à ses amis, « ce qui est la façon la plus noble et la plus humaine *de remercier Dieu* » ; mais qu'il ne recommence pas, de peur de gâter des enfants destinées à la pauvreté ! Dans le même temps, un admirateur anonyme expédie à Proudhon un quartaut de vin de Bordeaux ; Proudhon lui en fait tenir le prix par un ami commun. Plus tard, les frères Garnier seront tancés au sujet d'une grande et luxueuse poupée envoyée à la petite Cathe.

Au mois d'avril, Proudhon est pris « d'une stupéfaction du cerveau et d'un affaiblissement des forces vitales » ; il ne peut plus travailler ; il croit sa vie atteinte dans la source ; il reste serein, cependant. Comme à un sage, on lui demande des

consultations morales, qu'il donne avec simplicité.
Il va se promener en Franche-Comté pour se remettre ; les huit ou dix premiers jours, cet homme
épuisé et cardiaque abat régulièrement ses trente
kilomètres à pied, et il s'étonne que cet exercice ne
le remonte pas. Il retourne vite à Paris, où il
reprend le travail, mais avec plus de précaution.

Depuis un an environ a paru la biographie in-
fâme de Mirecourt. Le 9 mai 1855, Proudhon n'y
voulait pas répondre. Le 25 mai, il annonçait qu'il
riposterait par une brochure d'environ 150 à
160 pages ; la brochure, avec le temps, devint un
volume ; au volume s'en ajoutèrent deux autres,
et les 160 pages prévues s'enrichirent de plus de
1.500 sœurs ; une telle méprise sur la carrière à
fournir apparaît fréquemment dans l'histoire des
ouvrages de Proudhon. C'est qu'il s'agissait ici de
bien poser la question de l'Église, et il y fallait
l'espace nécessaire.

A la fin de 1856, la passion anticléricale de
Proudhon est un peu calmée, ou du moins n'est
plus dominante ; c'est surtout une pensée de réno-
vation morale qu'il entend mettre dans son ouvrage. Il perd alors la petite Charlotte, sa dernière
née. Il plie un moment sous le poids des épreuves
morales et matérielles. « Que n'ai-je un coin de
champ avec une baraque ! J'irais y vivre de

pommes de terre, que je planterais de mes mains, et je quitterais la philosophie, l'économie et la littérature. »

L'année 1857, lamentablement traversée par la maladie, se passe à l'impression et à la correction laborieuse des épreuves.

Proudhon, entre temps, a refusé la candidature aux élections législatives. Cette fois, avec la même véhémence qu'en 1852, mais en sens contraire, il prescrit l'abstention aux électeurs et l'abstention aux élus, qui ne peuvent en conscience prêter serment et ne doivent point paraître à la Chambre. On ne l'écoute pas ; les opposants votent et les grandes villes nomment des députés hostiles au régime ; seuls, les paysans ont bêlé à la voix du berger ; encore y a-t-il eu partout contrainte et fraude ; le conflit se prépare entre le gouvernement et le pays.

Le moment est heureux pour faire comprendre et aimer toute la doctrine de la Révolution. L'idée une fois mise au jour, Proudhon est persuadé que le régime existant ne peut tenir longtemps. Avec la France, l'Allemagne sera éclairée et électrisée par le nouvel ouvrage, dont une traduction de Pfau s'achève et s'imprime en même temps que l'original.

« LA JUSTICE DANS LA RÉVOLUTION
ET DANS L'ÉGLISE »

Ce n'est qu'au mois d'avril 1858 que parut *La Justice dans la Révolution et dans l'Église*, en trois gros volumes in-18, avec ce sous-titre : *Nouveaux principes de philosophie pratique adressés à Son Éminence Monseigneur Mathieu, cardinal-archevêque de Besançon*.

Livre extraordinaire, où les qualités et les défauts de Proudhon se donnent libre carrière ; composé par un homme qui tenait ferme le fil de sa pensée, comme le montre la lecture des *Sommaires* dressés par l'auteur lui-même, mais dont la pensée abondante, subtile, curieuse, entraînée par l'imagination, rattachait souvent à l'idée directrice des faits ou des notions dont le rapport ne se laisse pas sentir facilement à d'autres qu'à elle ; d'une matière énorme, puisqu'il embrasse toute l'économie et toute la philosophie, au plus large sens du mot, sans parler de l'histoire et de la littérature, dont il trace de nombreux tableaux, auxquels même sont jointes des monographies critiques; écrit par un analyste, par un artiste que la vie a formé et que seule la morale inspire, par un plébéien qui parle volontiers de lui et de sa famille, montre le poing, invective et menace, par un Justicier qui recrée les accents et les malédictions des prophètes juifs, qui revêt aussi la majesté auguste et simple des premiers législateurs ; mélange singulier et formidable, pareil à un chaos où se dessine la forme, où respire l'âme d'un nouveau monde ; classique par la stricte adaptation du style à la pensée, romantique par les termes de toute origine, par les éclats de la passion et les écarts de la fantaisie ; un monstre grotesque et sublime, dont la voix tour à tour rit, sanglote et rugit, d'allures et de mouvements sans harmonie, mais d'une force terrible, qui s'avance en écrasant sur son passage tout ce qui lui résiste ; quelque chose comme un symbole du géant Peuple, avec ses proportions énormes, ses brutalités, ses émotions, parfois ses délicatesses tendres, ses profondes intuitions, ses enfantillages, sa soif et son illusion de savoir, sa puissance de vouloir, ses aspirations au mieux, ses plaintes, ses révoltes, sa résolution d'en finir avec les forces qui l'oppriment.

Quelles comparaisons pourraient en donner une idée ? A quel genre le rattacher ? Comme tous les êtres uniques, il ne se définit pas. Il faut le lire, et ce n'est pas un petit travail.

A propos de ce livre, Scherer a composé un article intitulé *La Banqueroute du socialisme*. De nos jours, M. Brunetière a de même déclaré la faillite de la science. Deux sentences d'augure également ridicules : celle du maître qu'était Scherer, celle du magister qu'était l'autre. Pour nous en tenir au socialisme, la déconfiture célébrée par Scherer ne paraît pas près d'être consommée, si l'on en juge par le bruit qu'il fait dans le monde et par la crainte qu'il inspire. En langage proudhonien, la protestation socialiste est invincible et immortelle ; quant au socialisme, nous ne savons pas au juste ce qu'il est, ni ce qu'il sera, ni quand il sera ; mais nous sommes sûrs qu'il sera, et il sera, quand régnera la Justice.

On prévoit sans peine et on excusera les lacunes sans nombre du sommaire de sommaire que nous allons présenter.

PROLOGUE. — La France n'a plus ni intelligence ni conscience morale. Le pays sait qu'il ne croit plus rien. Seules, deux puissances peuvent s'offrir à lui rendre des principes, la Révolution, qui, après une recherche de six ou huit mille ans, a su arrêter la définition de la Justice, et l'Église catholique, organe de la plus complète des religions, qui sont toutes, au fond, la même. Il apparaît à la raison que l'être transcendant, conçu et adoré comme auteur et soutien de la Justice, est la négation même de la Justice, que la religion et la morale sont hétérogènes et incompatibles. Mais consultons encore l'histoire et étudions à fond les doctrines, pour savoir ce que l'Église et la Révolution nous enseignent sur les notions et les institutions nécessaires à l'homme et à la société. Par là, nous apprendrons laquelle des deux dit le vrai et enseigne le bien.

PREMIÈRE ÉTUDE : *Position du problème de la Justice.* — Pour que la société puisse s'établir et durer, il faut que les rapports entre les hommes soient harmonisés par un principe d'accord, comme celui que nous appelons la Justice. La Justice, dans notre esprit, est une notion ; en elle-même, elle est une puissance. Tout individu a le sentiment de sa *dignité*, qui lui montre dans son bien la règle des mœurs. L'individu, entrant dans le groupe, y rencontre des volontés contraires. Quelle y sera la loi de son action ? Doit-il se soumettre à la collectivité et en devenir un simple organe ? Non. Il existe une faculté du moi individuel par laquelle, sans sortir de son for intérieur, il sent sa dignité dans la personne du prochain avec la même vivacité qu'il la sent dans sa personne, et se trouve ainsi, tout en conservant son individualité, identique et adéquat à l'être collectif même.

Cette doctrine est celle de la Révolution ; l'autre, celle de la Révélation. L'Église enseigne que le principe et la sanction de la Justice sont en Dieu ; de là un système providentiel d'autorité, qui passe dans la société humaine. La Révolution montre la

Justice innée dans la conscience de l'homme et progressive comme lui, tout humaine, rien qu'humaine ; de là, en opposition au Droit divin, le Droit humain, ayant pour maxime la liberté ; de là aussi tout un système de coordination, de garantie réciproque, de service mutuel, qui est l'inverse du principe d'autorité.

De ces deux philosophies premières, complètement opposées, voyons les conséquences, non moins opposées, dans leurs applications aux personnes et aux choses qui sont l'être, l'avoir et l'action de la société humaine.

DEUXIÈME ÉTUDE : *Les personnes.* — Le principe de la dignité personnelle est : *Respecte-toi toi même.*

L'antiquité païenne l'a vu ; mais elle n'a pas su découvrir la règle qui accorde la dignité de l'un avec la dignité de l'autre. Elle aboutit par là au triomphe d'un égoïsme destructeur, qu'elle dut comprimer ensuite par la force extérieure de l'État et de la religion. Le christianisme, lui, pose en principe la déchéance de l'homme, qui a donc besoin d'un tuteur et d'un maître, là-haut, Dieu, ici-bas, le délégué de Dieu, roi ou prêtre, et les délégués de ce délégué.

La Révolution met d'emblée le vice au compte de l'ignorance, de la superstition, des mauvais gouvernements. Elle appelle de la Révélation à la

Raison, qui lui découvre en l'homme le sujet de la Justice, principe, règle et sanction de ses mœurs. En face de l'homme, le droit de l'homme ne peut être que le droit au respect, et déterminé non par la crainte de Dieu, ni par l'intérêt de la société, mais par une faculté étrange et souveraine, dont l'histoire manifeste l'existence, la faculté de sentir et d'affirmer notre dignité, par conséquent de la défendre, aussi bien dans la personne d'autrui que dans notre propre personne.

La Justice, en dernière analyse, est donc le respect, spontanément éprouvé et réciproquement garanti, de la dignité humaine, en quelque personne et dans quelque circonstance qu'elle se trouve compromise et à quelque risque que nous expose sa défense, obligation de mieux en mieux sentie du barbare au civilisé.

Ainsi conçue, la Justice est adéquate à la béatitude, principe et fin de la destinée de l'homme. Comme faculté, la Justice est progressive ; comme idée, rapport, équation, elle est absolue.

TROISIÈME ÉTUDE : *Les Biens.* — C'est tout le problème économique.

L'Église ne sait rien ni de la science des richesses, ni de ses rapports avec la Justice. Pour elle, le paupérisme est l'effet du péché originel. Elle consacre la misère des pauvres, tout en tonnant contre les riches et en s'enrichissant elle-même.

La Révolution a trouvé l'accord des lois de l'Économie et de la Justice dans l'Égalité. Au système de la subordination des services, soutenu par l'Église, elle oppose celui de l'égalité des services.

La Justice prescrit la réciprocité du respect, et, par une conséquence nécessaire, la réciprocité du service, c'est-à-dire réciprocité dans la propriété, dans le travail, dans l'éducation, dans le crédit, dans l'échange, dans l'impôt, dans la critique, dans le pouvoir, dans le jugement.

L'Église triomphe en invoquant l'inégalité, loi de la nature, à ce qu'elle prétend. Erreur ; et l'effort de l'économie révolutionnaire est de rétablir l'équilibre social, un instant troublé par les hasards du climat, de la génération, de l'éducation, de la maladie et de tous les accidents de force majeure. Si vraiment il y a des races inférieures, elles seront absorbées ou s'éteindront ; — la Justice ou la Mort !

Sur cette base, la balance économique contrepèse le produit et le salaire du travailleur, la valeur et le prix de l'objet vendu ou loué, ce qui conduit à faciliter l'échange général par le perfectionnement de la circulation et du crédit, et à purger de ses vices la propriété, dont Proudhon n'a jamais voulu la mort, idée absurde, mais seulement l'équilibration. La balance est la loi de l'économie, cas particulier d'une loi universelle. Hegel s'est trompé en croyant que la thèse et l'antithèse se fondent dans la synthèse ; elles perpétuent leur opposition, dont le terme n'est pas la destruction ou la décomposition de l'une ou de l'autre, mais leur résistance réciproque et leur appui mutuel dans l'équilibre, qui est équation, égalité, justice, harmonie, noms divers du principe universel de la philosophie (cf. lettre du 15 novembre 1861).

QUATRIÈME ÉTUDE : *L'État.* — On le veut stable ; c'est pourquoi on le gouverne, dans le passé avec l'investiture de l'Église, dans le présent avec celle du peuple. Deux erreurs égales. Et encore, « religion pour religion, l'urne populaire est au-dessous de la sainte ampoule mérovingienne. Tout ce qu'elle a produit a été de changer la méfiance en dégoût et le scepticisme en haine ».

Trois systèmes principaux prétendent justifier la nécessité du gouvernement.

Le premier invoque la nécessité constatée, inévitable et irrémédiable, de l'inégalité des individus, thèse dont la fausseté, déjà visible aux yeux de la raison, sera démontrée en fait dans l'avenir par les réformes dues à la prudence du législateur, à l'habileté de l'économiste, à la sagesse du pédagogue.

Le second, celui de l'Église, fondant la société sur l'idée de Dieu tout puissant et de l'homme corrompu, ne peut pas plus se conformer à la justice politique qu'à la justice économique ; dans les deux domaines, il nie le droit et aboutit en général à la théocratie, quand il ne glisse pas au communisme. Dans la pratique de la vie, la tyrannie de l'Église est intolérable ; elle veut tout voir, tout savoir, tout régenter, se mêlant de tout et s'introduisant jusque dans la famille.

A la place de ce nihilisme politique, la Révolution propose sa théorie positive et réaliste du pouvoir social, impersonnel, invisible, anonyme, résultant de l'action commutative des forces économiques et des groupes industriels, c'est-à-dire de la liberté même. A l'intérieur, elle procure l'égalité par l'organisation économique. A l'extérieur, elle doit faire le monde à son image, sous peine de déchoir. Un obstacle à sa propagation est le préjugé à la mode, touchant la restauration des nationalités, œuvre politique vaine, qui distrait dangereusement les hommes de travailler à la révolution sociale, d'où sortira l'unification du genre humain. On peut assurer que la République, une fois organisée selon les principes de l'économie et du droit, mettra la société à l'abri de toute agitation, corruption et catastrophe.

Dans le *Petit Catéchisme politique*, par lequel se termine cette quatrième Étude, Proudhon a présenté une théorie de la force collective, dont il était fier, et où il prétendait trouver de quoi donner force à la société, corps à l'État, moralité au gouvernement, fonder enfin la politique réelle.

CINQUIÈME ÉTUDE : *De l'Éducation.* — L'Éducation, c'est la création des mœurs. Le but de l'Éducation est de préparer l'enfant à pratiquer ses droits et ses devoirs, à exercer tous les modes de l'âme par les sciences, les arts, les industries, à développer son corps et son esprit.

Or, le sacerdoce a fait d'une crainte, par elle-même immorale, le principe de la vertu. Tous les hommes savent que le péché souille l'âme ; l'Église ajoute qu'il offense Dieu. De quoi Dieu se mêle-t-il ici ? Ma conscience me suffit. La morale religieuse fausse l'éducation, en chargeant la conscience de motifs impurs et en entretenant la lâcheté, principe de toute dégradation.

D'autre part, l'Église ignore l'industrie ; elle est étrangère aux sciences, hostile aux arts et aux lettres, ennemie de la philosophie.

Cette condamnation de l'Église ne s'étend pas à toute la religion ; mais il faudrait enfin comprendre que la religion n'est qu'une mythologie de la pensée, une poésie de l'âme humaine, qui, en invoquant son Seigneur, son Christ, son Père, ne conçoit, ne contemple et n'adore rien d'autre qu'elle-même dans l'idéal de sa puissance et de sa beauté, comme ce monstre d'ignominie, qu'elle nomme Satan, n'est qu'elle encore dans l'idéalité de sa laideur ; « l'homme qui prie Dieu est comme le

poète qui invoque sa muse. » Si la religion se prend
pour autre chose qu'un symbole, elle divise la conscience et par conséquent détruit la morale, en subs-
tituant à la notion positive de Justice une notion
subreptice et illégitime. La religion et la Justice,
quand l'une s'élève, l'autre descend, c'est fatal.

La religion avilit donc l'homme dans son for
intérieur, par l'éducation qui lui est propre ; elle
lui façonne un caractère sournois, hypocrite, plein
de fiel, ennemi de la société et du genre humain
(qu'elle soit d'ailleurs la religion de l'Église ou celle
de Saint-Simon, de Fourier, de Cabet, de Robespierre) ; car il ne peut y avoir respect que là où il
y a égalité de considération. L'homme, au sein de la
nature, y est dépaysé et déraciné sous l'influence
chrétienne ; l'homme et la terre ont besoin de se
pénétrer ; la terre était sacrée pour les anciens ;
comment les chrétiens l'aimeraient-ils ? L'homme,
en face de la mort, est démoralisé, s'il est chrétien.

Au contraire, la Révolution, en organisant l'égalité, assure à chaque homme la plénitude de la vie,
première condition de la vie heureuse et de l'heureuse mort ; en établissant la Justice dans l'État,
elle assure la communion universelle, deuxième condition de l'euthanasie. La mort est la balance par
laquelle se liquide notre vie ; si la carrière est
pleine, il y a bénéfice ; c'est la mort dans le ravissement. Faire son chef-d'œuvre, servir son pays
et l'humanité, tout cela est engendrer ; c'est se

reproduire dans la vie sociale ; c'est à l'homme gloire, béatitude, immortalité ; celui qui vit ainsi est en fête ; il est prêt ; car « toujours il est dans la mort, ce qui veut dire dans la vie et dans l'amour ».

Comparez la fin de Jésus, qui ne fut qu'un saint, à celle d'un grand révolutionnaire, comme Danton, ou à celle d'un pauvre artisan, tel que le père de Proudhon, qui expira dans la communion révolutionnaire comme jamais chrétien ne sut faire dans la communion de l'Église. Jésus agonise ; Danton et Claude Proudhon voient venir la mort avec leur paradis dans le cœur. Les morts heureuses sont encore rares, parce que la Révolution ne fait qu'apparaître, parce qu'il n'y a plus de communion sociale et que la communion familiale se dissout (voir d'autres raisons dans le *Catéchisme du mariage*, à la fin de la onzième Étude).

Dans certaines parties de cette cinquième Étude, il y a, réunies, une profondeur de pensée, une élévation de morale, une beauté de style, qui n'ont jamais été dépassées. M. Raphaël Périé a dignement rapporté, dans *Pages Libres*, ce que Proudhon a écrit sur l'euthanasie révolutionnaire, opposée aux affres de la mort chrétienne (1).

____

(1) *Devant la mort : Le pape Léon XIII et le Tonnelier ;* n° 136, du 8 août 1903.

SIXIÈME ÉTUDE : *Le Travail.* — Le travail, par son côté répugnant et pénible, crée pour l'homme une fatalité qui tend à le rejeter incessamment dans la servitude, mais que la balance économique, l'organisation politique et l'éducation ont pour but de détruire. Remède : passionner le travail, ce qui se réalisera, si l'on fait de chaque travailleur un représentant de la totalité du développement industriel, « d'où il suit que le problème du travail passionnel, en d'autres termes, du travail affranchi, est identique à celui de l'origine des connaissances et de la formation des idées, et que l'apprentissage des métiers se présente comme une branche de l'instruction publique ». (Cette dernière conséquence est juste et féconde ; mais dans ce qui précède, la pensée de Proudhon paraît s'enfler plus que se développer.) — « Si justice était faite au travail, la condition du travailleur serait intervertie ; d'inférieur, il deviendrait maître ; de pauvre, il serait fait riche ; de condamné, il passerait noble. » (Proudhon se laisse ici entraîner par la passion à des antithèses anti-proudhoniennes ; maître, riche, noble, ces expressions ne conviennent pas au prolétaire, fier de l'être, qui a prêché l'égalité et prescrit la pauvreté.)

Moïse a réglé le droit de l'homme de travail selon la loi d'égoïsme, le Christ selon la loi d'amour, qui interdit bien la coercition de l'homme par l'homme, mais sans penser à vaincre la fatalité du travail. Fallait-il donc faire tant de bruit pour un prétendu affranchissement, dont tout le privilège est de pouvoir mourir de faim sans s'exposer à la vengeance du maître ?

La charte du travail, d'après la Révolution, s'inspire de la loi de Justice. Elle pose en principe cette conclusion, où conduit le problème de l'origine des sciences, à savoir la suprématie de l'ordre industriel sur tous les autres ordres de la connaissance et de l'art. En effet, l'origine de la philosophie et des sciences se découvre dans la spontanéité travailleuse de l'homme. L'idée, avec ses catégories, surgit de l'action ; il ne faut pas qu'elle s'en détache. L'idée doit retourner à l'action ; en d'autres termes, la philosophie et les sciences doivent rentrer dans l'industrie, à peine de dégradation pour l'humanité. Ces deux propositions démontrées, le problème de l'affranchissement du travail est résolu.

Outre les conditions de justice commutative posées dans les précédentes études, il est pour le travailleur deux garanties indispensables : 1° La polytechnie de l'apprentissage, une connaissance encyclopédique de l'industrie (dans la *Création de l'ordre*, Proudhon a fait honneur de ses idées sur l'apprentissage à Fourier) ; 2° Dans l'atelier, une organisation des fonctions qui initie le jeune ouvrier à toutes les opérations composant la spécialité de l'entreprise et lui assure plus tard le droit, comme associé, de participer à la direction et aux bénéfices.

L'apprentissage fait comme il doit être, pourquoi la vie entière du travailleur ne serait-elle pas une réjouissance perpétuelle, « une procession triomphale » ? Rien de plus aisé que d'accorder cette polytechnie de l'apprentissage, enseignée à tous, avec le service de l'atelier et des champs. Tous donc industriels ; pour tous, l'éducation et la science. Le monde des génies réclame son privilège ; qu'ils se taisent, ou, s'ils se prétendent des êtres à part, qu'ils travaillent à part. Le travail s'affranchira malgré les gémissements et les arguties des conservateurs. « Contre les exécrables théories du *statu quo,* je me sens à bout d'arguments ; et, si je pouvais oublier devant qui je parle, ce ne seraient plus, monseigneur, des paroles humaines que vous auriez à entendre ; ce seraient les rugissements d'une bête féroce. »

Septième Étude : *Les Idées.* — On ne saurait rapporter en détail la philosophie de ce chapitre parfois trouble, et les applications qu'en fait Proudhon, sans distinguer, éclaircir, discuter. Les difficultés en viennent de l'extrême extension que donne Proudhon à l'idée d'absolu.

La science moderne, consultée sur une méthode de direction pour l'esprit dans la recherche de la vérité, prescrit l'élimination de l'absolu. La recherche de l'absolu dans la science est dangereuse pour la science, ce qui est déjà grave. Mais elle est funeste à la société tout entière, dès qu'il s'agit de la direction de l'enseignement et de la conscience ; ici, la moindre excentricité engendre les charlatans et les scélérats. L'absolu, c'est l'inconditionné, l'indépendant, l'indéfini, l'illimité ; il sert à la connaissance, mais il n'est pas objet de connaissance, et notre erreur, notre folie, notre immoralité, commencent juste à l'instant où nous prétendons franchir l'abîme qui nous en sépare.

La Révolution ne nie point l'absolu ; elle l'élimine ; elle n'est point athée. A son exemple, Proudhon admet Dieu en métaphysique et le nie partout ailleurs. L'Église, les philosophies, qui partent de l'absolu, corrompent la raison publique. La Révolution purge les idées par l'opposition de l'absolu à l'absolu, c'est-à-dire par la liberté des opinions.

Dans notre âme, l'opposition des facultés et leur mutuelle réaction est la cause de l'équilibre ; la morale, la vertu de l'âme est de ne pas souffrir qu'aucune de ses puissances subalternise les autres.

Il en est de même dans la société, où il n'y a d'accord et d'harmonie que s'il s'y trouve des éléments en opposition. Afin d'assurer la paix, autrement dit afin d'écarter l'absolu et ses méfaits, il faut tenir les énergies sociales en lutte perpétuelle.

Le spiritualisme, la religion, la foi, l'Église, l'idéal, répugnent à cette théorie et à cette pratique. La Révolution au contraire constitue la raison publique par l'action réciproque des façons de penser individuelles, qui subsistent individuellement, tout en prenant une nouvelle vie dans la pensée collective, faite d'elles toutes et distincte d'elles toutes, différente en qualité et supérieure en puissance. L'organe de la raison collective est le même que celui de la force collective, le groupe : ici, toute réunion d'hommes formée pour la discussion des idées et la recherche du droit. Le terme de sa réflexion est la réduction de toutes les théories sociales, politiques, économiques, religieuses, à l'égalité pure, à la Justice. L'Église cultive l'absolu. Le gouvernement de l'Empire le cultive avec elle. Dieu le protège !

HUITIÈME ÉTUDE : *Conscience et Liberté*. — La religion perd sa raison d'être, si elle admet la réalité et l'efficacité de la conscience, si elle reconnaît une différence entre le bien et le mal indépendante du commandement divin, si elle a l'intelligence et le respect de la liberté. Or, la réalité du sens moral se prouve par le sens intime et par les faits de la vie sociale, et voilà le pyrrhonisme moral des théologiens confondu.

Quant à la distinction du bien et du mal, elle est faite dans cette double maxime, connue des

sages de la Chine deux mille ans avant le Christ,
et que la Révolution a inscrite dans la Déclaration
de l'an III : « Ne faites pas à autrui ce que vous ne
voudriez pas qu'on vous fît — Faites constamment
aux autres le bien que vous voudriez en recevoir. »
C'est le *Fiat lux* du législateur, à l'aide duquel il
n'y a plus d'actions indifférentes, quelque variable
que soit la formule qui les régit ; plus d'incertitude
sur le juste et l'injuste ; plus d'excuse à l'infraction.
La Justice suit le progrès de la connaissance, sans
cesser pour cela d'être identique à elle-même. Ainsi,
il n'est pas immoral, il le deviendra, de prêter à
intérêt, quand la science économique aura appris
aux hommes les moyens du crédit gratuit. « L'appréciation de ce qui est utile ou nuisible peut être
erronée ; par conséquent, la loi ou convention qui
en est la suite, manquer de justesse et être soumise
à revision. La Justice est infaillible et commande
toujours. »

On a distingué les choses de *précepte* des choses
de *conseil*, distinction qu'abolira la Justice mieux
connue. La notion du bien et du mal n'est autre que
l'égalité même. Comme la lucidité pour l'œil, la
science pour la raison, la réciprocité pour l'amour,
l'égalité est un besoin pour la conscience (Oui,
pour celle de Proudhon, et entre hommes).

Maintenant, l'homme a-t-il le pouvoir d'agir
comme il veut, quand ce qu'il veut ne lui est pas
impossible ? Le déterminisme le nie, idée brutale,

qui place dans les choses le principe de nos déterminations et fait ainsi de l'être pensant le bilboquet de la matière. Le déterminisme ne voit qu'un côté de la vérité. La nécessité a sa part dans la vie du monde ; la liberté y a la sienne.

Qu'est-ce donc que la liberté de l'homme ? Scherer, peu suspect de complaisance, a trouvé remarquable la réponse de Proudhon à cette redoutable question. L'homme ne serait pas libre, s'il était simple, tout matière ou tout esprit ; mais il est un composé de toutes les spontanéités ou puissances de la nature ; or, partout où il y a groupe, il se produit une résultante qui est la puissance du groupe, distincte non seulement des forces ou puissances particulières qui composent le groupe, mais aussi de leur somme, et qui en exprime l'unité synthétique, la fonction pivotale, centrale. Dans l'homme, c'est le libre arbitre. Semblablement, des groupes industriels, facultés constituantes de l'être collectif, s'engendre par leur rapport une puissance supérieure, qui est la puissance politique, on pourrait dire la liberté du corps social.

Quelle est la fonction de la liberté ? Le sublime et le beau, inversement l'ignoble et le laid, ou le chaos, voilà ce qui constitue son œuvre propre. Les idées et les choses lui préexistent ; elle les fait autres. Ainsi la Justice et son idée lui sont antérieures ; mais c'est elle qui, par sa puissance d'idéalisation, lui donne ce caractère de majesté sainte,

cette force pénétrante, qui fait du droit une religion. C'est ainsi encore que la religion, l'art, la
poésie, relèvent de la même muse, la liberté. La
pensée révolutionnaire aussi est née d'elle ; c'est
elle qui a fait le christianisme, révolte contre le
Destin, la Révolution, révolte contre la Providence.
La Justice, dans son idée la plus exaltée, est son
dernier mot, et toutes deux finissent par se confondre.

Aussi la liberté est-elle une puissance d'affirmation autant que de négation, de production autant
que de destruction. L'Église la hait ; elle la sym-
bolise dans l'histoire de la Tentation, comme l'anti-
christ. La liberté pour vous, monseigneur, c'est le
diable. « Viens, Satan, viens, le calomnié des prêtres
et des rois, que je t'embrasse, que je te serre sur
ma poitrine... »

Neuvième Étude : *Progrès et décadence.* — Le
progrès, tout est à faire pour expliquer ce que
c'est. On le cherche en vain dans l'amélioration
physique de la race, dans la sphère de l'esprit, où
les inventions anciennes dépassent les perfection-
nements modernes, dans les triomphes de l'industrie, qui accroissent l'envie bien plus qu'ils ne com-
blent les désirs, dans notre vertu, qui est éclipsée par
celle des sages ou des héros de l'antiquité, dans
l'évolution, qui, pour les civilisations particulières,
comporte une régression après une sorte de progrès,

et qui, en général, est organique, non libre, donc *procès* et non progrès.

L'Église ne connaît qu'une humanité pécheresse et lâche, dont le salut est dans une volonté étrangère. Les doctrines philosophiques et sociales enseignent la fatalité pure. Or, indépendamment des évolutions nécessaires qui résultent de la nature donnée des choses et des êtres, il existe, dans l'humanité, un mouvement plus profond, qui comprend tous les autres et les modifie, celui de la liberté et de la Justice.

Le socialisme s'est dissous, parce qu'il n'a pas su joindre à ses théories organiques une théorie forte et vraie de la liberté et de la Justice; qu'il se remette donc à l'œuvre. Ce mouvement peut se produire en deux sens : Progrès, autrement dit sanctification ou perfectionnement de l'humanité par elle-même ; — Décadence, autrement dit corruption de l'humanité par elle-même. Par elle-même, c'est-à-dire sans nécessité, pouvant, au gré du libre arbitre, se précipiter, se ralentir, ce qui explique des accidents, tergiversations, retards, dont les littérateurs du progrès ne peuvent rendre compte.

Il y a nécessairement progrès dans une société régulièrement constituée, qui, sans rien perdre de ses principes fondamentaux, y ajoute sans cesse de nouvelles maximes, adoptées et suivies par toutes les consciences. Le contraire aura lieu, si la Justice est en décroissance. Ce n'est pas, bien entendu, le nombre des lois écrites qui mesure le progrès, mais celui des lois qui s'observent.

Qu'est-ce donc qui enraye la Justice? En langage théologique, quelle est l'origine du péché ? C'est l'ignorance de la loi, qui est la Justice, et le pouvoir concédé par la nature à l'homme, seul de tous les êtres, de se tromper sur l'objet de sa loi, conséquemment de s'efforcer ailleurs, en vertu de son libre arbitre. La Justice est l'absolu à réaliser, l'idéal qui comprend tous les autres, et se les subordonne comme des moyens à leur fin. Le libre arbitre le sait et y tend. Mais il s'en faut que la science aille chez nous du même pas que l'imagination. Tout homme est impatient de se posséder et de jouir de sa gloire ; il a besoin de se savoir juste, héroïque et beau, ce qui est l'effet de la pratique de la Justice. Mais, n'en connaissant pas les prescriptions, il s'en fait une fausse idée, qui est une idole dont la religion l'égare.

L'idolâtrie, voilà la cause première du péché, qui ne tient donc pas à une inclination perverse, à un mauvais principe, à une influence satanique, mais à une notion incomplète de la Justice. Plus nous connaîtrons et réaliserons la Justice en nous et autour de nous, plus, d'un côté, nous serons heureux de vivre, et moins de l'autre nous aurons crainte de mourir. (Cette théorie de l'*idéalisme*, origine du mal moral, dont M. Faguet a justement repris l'ambiguité, se trouve simplifiée et éclaircie dans le *Jésus* posthume de Proudhon, p. 67, p. 313.)

C'est là le vrai progrès, qui embrasse toutes les puissances de l'humanité, puisqu'elles sont solidaires. Ou il est universel, ou il n'est pas.

Les religions, ou plutôt la religion, puisqu'il n'y en a qu'une, perd toutes les nations, à qui elle avait promis délivrance et sainteté.

Dans le christianisme, l'école de Pierre écarte l'idéalisme et réduit la religion aux bonnes œuvres; mais la métaphysique de Paul l'emporte et pose l'idéal comme étranger et antérieur au réel ; dès lors, tout est perdu. Il faut en venir à Pantagruel, pour voir poindre la liberté et la morale. Rabelais, chaste entre tous les écrivains, avec son *Pantagruel*, honorable entre tous les héros, est le précurseur de Voltaire et de la Révolution.

Dans la Rome païenne, au commencement, avait régné l'esprit juridique, donc la Justice et sa force triomphante. Les légions de ces temps-là n'eussent plié que devant les armées de la République, combattant pour un droit supérieur. Mais l'idéal impérial vient tout corrompre, parce qu'il oublie et viole la Justice. L'unification du genre humain était le salut du monde, si Rome avait réorganisé toutes les nationalités subjuguées, en créant une sorte de balance politique, et si elle ne s'était arrogé d'autre droit que d'être le représentant armé de la confédération universelle. Mais Rome détruisit toute force vive, tout sentiment patriotique, toute initiative locale, toute vie propre parmi les nations ; système d'unité aussi radicalement faux que monstrueusement inique.

L'idéalisme impérial se continua, au moyen âge, dans le saint Empire germanique. L'Empire de Napoléon avait un tout autre sens, au moins dans la pensée du peuple français, qui s'y trompait certes, mais qui saluait, dans ce soldat victorieux, le vengeur du droit, l'épée de la Révolution, l'incarnation de l'idéal national, l'égalité, c'est-à-dire la Justice même, dans sa réalisation politique et économique.

La théorie du progrès, contrairement à l'opinion courante, s'applique aux arts. Cette dernière partie de la neuvième Étude est très développée et infiniment curieuse ; mais comme elle n'est en somme qu'une application des principes généraux posés et expliqués plus haut par Proudhon, on nous excusera de ne pas nous y arrêter. Proudhon, ne comprenant rien à l'art-jeu, ou n'en admettant rien, arrive à telle conclusion, sur laquelle il ne faudrait pas mépriser en bloc ses jugements esthétiques : par exemple, trente ou quarante chansons de Béranger suffisent, par les principes déjà invoqués, à nous assurer la prédominance sur Horace, Pindare, David.

Dixième Étude : *Amour et mariage.* — L'institution du mariage et de la famille a son point de départ dans la génération. Cet instinct représente une fatalité organique, contre laquelle protestent la pudeur et la chasteté, et à qui s'ajoute une fatalité intellectuelle qui l'exalte et le transforme, celle de l'idéalisme (ici, quelque chose comme la *cristallisation* de Stendhal). Cette double fatalité, si on ne la purge pas, rend l'amour irrésistible, quand il vient, et inarrêtable, quand il s'en va.

La Justice fait sentir mutuellement aux époux un caractère auparavant inconnu de sérénité et de tendresse, éteint la passion et crée un attachement durable pour la vie, malgré la dégradation extérieure de l'objet aimé. Ainsi l'homme, étant homme, aime et ne peut pas ne pas aimer par les sens, par l'esprit, par la conscience, à quoi correspondent respectivement ces trois manifestations de l'amour : la fornication, le concubinat, le mariage. Aucune bouche humaine n'a su encore dire le mot du mariage. Qu'on le sache : le mariage est la vraie religion du genre humain. « La religion, cherchée avec tant d'ardeur et pendant une si longue suite de siècles, se trouvant dans le mariage à l'heure juste où l'humanité partout ailleurs la répudie, quelle découverte ! »

C'est en sortant de l'état de nature que la multi-

tude humaine passe à l'état juridique et devient
la cité, ce qui prouve que l'état de nature est pour
l'humanité un état contre nature ; toutes les décla-
mations de Jean-Jacques à ce sujet sont absurdes.
La société se forme en transformant la propriété
primitive, l'échange primitif. C'est de la même
façon qu'elle légitime le mariage, en consacrant la
primitive rencontre des sexes et en la fixant. Nous
avons ici une création singulière de la conscience,
vouée non seulement à libérer la dignité humaine
du double fatalisme de la chair et de l'idéal, mais
à les faire servir conjointement à la consolidation
de la Justice, tant au for intérieur qu'au for extérieur.

L'idéalisme corrompt le mariage et l'amour.
L'amour, créé par les sens et l'imagination, s'il
n'est pas soutenu par une conscience vigoureuse,
s'éteint, comme un météore tombé du ciel, dans la
mer morte du mariage. Le mal s'étend à la famille,
qui, fondée sur le droit et par le droit, périt par
l'idolâtrie de l'amour.

Après l'idéalisme politique, artistique et littéraire, métaphysique et religieux, l'idéalisme érotique
ferme la série. L'histoire de Rome le montre : avec
la religion nuptiale, la pudicité s'envole, et les
mêmes Romains, les mêmes Romaines, qui avaient
étonné le monde par leur chasteté, l'étonnèrent par
leur luxure. Après la débauche entre les deux
sexes, ce fut, c'est encore l'érotisme homoïousien,

lorsque ce n'est pas ce que Fourier appelait l'*omni-gamie*.

Quand vint le christianisme, l'amour et le mariage agonisaient. La médication était indiquée. Il fallait rétablir le vrai sens de l'amour, qui est le sacrifice et la mort, définir l'essence du mariage, déterminer le rôle moral de la femme dans la famille et la société, éteindre enfin, par la supériorité du nouvel idéal, cette luxure dévorante qui trouvait insipide l'union des deux sexes et cherchait en vain l'amour dans des jouissances contre nature. Ces conditions, toutes de morale personnelle, exigeaient en outre une réforme générale des rapports économiques : suppression des grandes propriétés foncières, abolition de l'esclavage, rétablissement des libertés locales et politiques ; car il n'y a ni mariage ni famille qui se soutienne, sans liberté et sans égalité. L'homme étant alors redevenu citoyen et travailleur, la femme ménagère et première institutrice des enfants, l'amour se trouvait rasséréné, le mariage remis en honneur, la prostitution tombait, et l'horreur publique eût fait justice du reste.

Or le christianisme réagit contre la dissolution des mœurs païennes de la même manière que contre l'esclavage, les propriétés démesurées, le despotisme impérial. Beaucoup d'anathèmes, et pas de solution, ou inférieure à la théorie païenne du mariage. Saint Paul fait de ce sacrement une concession à la fatalité de la chair ; après lui, tous les Pères dénoncent la souillure ineffaçable du lit nuptial. Quoique l'Église y respecte maintenant et tâche d'y faire respecter la loi de conservation du genre humain, les prêtres continuent à regarder le mariage comme un état de pollution habituelle, que la bénédiction rituelle a pour objet de laver.

De fait et de droit, le mariage chrétien, concédé par tolérance, réservant à Dieu, à l'Église, aux prêtres, les préférences intimes du cœur, est un concubinage, pis que cela, un adultère. Dès lors que l'amour, dans son idéalité, a été séparé du mariage, tous les écarts deviennent possibles, paraissent excusables, et l'enseignement mystique de l'amour divin aboutit à la débauche, où il reste mêlé par un agaçant parlage, tout rempli de ciel, de Dieu, d'anges, d'extases, de mystères sacrés. Lisez *Lélia ;* l'érotisme vous en prouvera que George Sand a été dévote.

ONZIÈME ÉTUDE : *Amour et Mariage (suite).* — Quelle est la fonction sociale de la femme, sa dignité, son droit ? Personne ne conteste son infériorité physique. Pour la force, elle est à l'homme comme 2 est à 3. Or, si l'abus de la force est condamnable, l'us en est légitime. Cela veut dire que l'homme sera le maître et que la femme obéira.

Quelques impures, que le péché a rendues folles, et qui prêchent l'émancipation de la femme, nient son infériorité intellectuelle. *Corinne* n'est que l'éloge du bas-bleu, et la satire de la ménagère, la seule femme qui soit vraiment digne de l'attention de l'homme. Quoi qu'en disent ces dames, l'intelligence de l'homme et celle de la femme ne sont pas du même ordre et resteront d'ordres différents.

L'esprit de la femme est incapable de produire des germes ; il lui manque la puissance de créer, en présence des phénomènes, des universaux et des catégories, d'abstraire, de généraliser, d'inventer. L'humanité ne doit aux femmes aucune idée morale, politique, philosophique, aucune vérité ou application de vérité scientifique. La femme est à l'homme, intellectuellement, comme 2 est à 3, et, la force de l'esprit se multipliant par la force du corps, la valeur physique et intellectuelle de l'homme est à celle de la femme comme 3 × 3, soit 9, est à 2 × 2, soit 4, d'où le rapport 9/4.

L'infériorité morale de la femme n'est pas moindre. La force est le point de départ de la vertu. La conscience de sa force et de sa raison conduit l'homme au respect de lui-même et des autres, et lui fait concevoir cette notion du droit, souveraine et prépondérante dans toute âme virile (souhaitons-le !). Parlez à la femme d'amour, de sympathie, de charité, elle vous comprend ; de Justice, elle n'en reçoit mot. Aussi la loi, qui a fixé l'âge de la responsabilité à 16 ans pour les deux sexes, aurait dû le reculer, pour la femme, à 45 ans.

D'autre part, la femme est, d'elle-même, impudique ; c'est une réceptivité toute faite pour l'amour ; si elle rougit, c'est par crainte de l'homme. Ici encore un rapport de 2 à 3.

Voici donc la totalité des rapports pour le Travail, la Science, la Justice :

$$\frac{3 \times 3 \times 3}{2 \times 2 \times 2} = \frac{27}{8}.$$

L'esprit féminin a gâté la littérature française, et fait pencher la société vers son déclin, par les ouvrages d'hommes *femmelins*, tels que Rousseau, le plus grand ennemi qu'aient jamais eu la Révolution, la République et le peuple, Lamartine, dont le *Jocelyn*, qu'il a voulu chaste, fait honte à l'amour autant qu'à la religion, sans parler des Victor Hugo, des Soumet, des Vigny, des Laprade, chantres de l'autre monde, et qui oublient celui-ci. Les femmes réputées de génie, Mme Roland, Mme de Staël, George Sand, ne sont que des femmes. Mais elles ont bien écrit ! Sachez qu'il y a plus de style dans une formule de droit romain, dans tel vers de Corneille, de Racine, de Molière, dans un proverbe de Sancho Pança, que dans tous les romans de Mme Sand.

L'analyse a paru réduire la femme au néant par la démonstration de sa triple et incurable infériorité. Mais si nous considérons les choses du sommet de la collectivité humaine, l'ordre ne tardera pas à apparaître. Au-dessus des trois règnes de la nature s'élève un quatrième règne, celui de l'humanité. Pour que ce règne subsiste, il faut que la loi qui le constitue, à savoir la Justice, pénètre les âmes autrement que comme une simple notion. Un doute reste, si cette loi n'a pas d'organe ; idée extraordinaire, qui étonnera les habitudes de notre esprit, incontestable cependant. Donc, l'organe de la Justice est l'androgyne ou le couple conjugal, comme les corps sont les organes de la loi d'attraction. Produire de la Justice, tel est le but supérieur du mariage ; la génération et ce qui s'ensuit ne figure plus ici que comme accessoire.

Mais, pour former cet organe, il faut une prémotion, une grâce, l'amour. Ici la femme passe du rôle douloureux au rôle glorieux, et devient, par sa seule apparition entre les hommes, libératrice et justicière. Elle va devenir, par sa beauté, le moteur de toute Justice, de toute science, de toute industrie, de toute vertu.

Elle est à l'homme, par la beauté, comme 3 est à 2. Son esprit, pauvre en puissance analytique, déductive et synthétique, est plus intuitif, plus concret, plus beau. Par les grâces de son génie, auprès duquel il n'est personne, même parmi les plus savants et les plus profonds, qui n'éprouve un rafraîchissement, elle est à l'homme comme 3 est à 2. Encore comme 3 est à 2, par l'aménité du caractère et les tendresses du cœur. En somme, comme 27 est à 8.

Donc l'équilibre est rétabli, sans toutefois qu'il y ait égalité entre les deux sexes pour le gouvernement de la vie humaine, qui ressortit de l'ordre économique, philosophique, juridique, où la grâce et l'amour n'ont point de part. L'intelligence virile verse au cœur de la femme un trésor de sentiments et d'idées, qu'elle n'a qu'à idéaliser. La grâce de la femme retire l'homme de la brutalité primitive.

Le couple humain est donc une personne composée de deux personnes complémentaires, et dont la fin est de rendre possible la justification de l'humanité par elle-même, c'est-à-dire la civilisation et ses merveilles.

Uni par la grâce, la poésie, l'amour, le couple humain n'en reste pas moins soumis aux conditions économiques de l'existence. A côté du pacte d'amour, il lui faut une constitution de droit. Les deux conjoints ne peuvent être égaux qu'*en résultat*, non *en principe*, ni *en pratique*. Il faut que la femme accepte la loi de la puissance maritale. Par l'idéalité de son être, elle est hors de prix ; elle atteint plus haut que l'homme, oui, mais à condition d'être portée par lui.

Le mariage est le premier degré de juridiction. Le second est la famille, dont le dernier mot est l'hérédité, que Proudhon rougit d'avoir à défendre. Le troisième est la cité, faite pour le croisement des familles et des races, pour l'établissement d'une force collective, comme aussi pour donner au mariage et à la famille la garantie de respect, de travail et de subsistance qu'ils exigent.

Si l'on cherche maintenant la discipline de l'amour, le secret, pour échapper à ses tribulations et pour en conserver le fruit, consiste, si fort que puisse paraître le paradoxe, à aimer d'esprit et de cœur toutes les personnes du sexe opposé, et à n'en posséder conjugalement qu'une. Le meilleur mariage est celui où le devoir et la vertu figurent comme élément principal, alors même que l'élément amoureux y serait presque nul. Proudhon a dressé un *Catéchisme du mariage,* qui condense ces idées et en déduit des commandements : mariage indissoluble, divorce condamné, la femme ménagère, devoir de faire en se mariant la plus petite part possible à l'amour, fixation de l'âge nubile à 26 ans pour l'homme et à 21 pour la femme, la justice chez l'homme, la diligence chez la femme, qualités qui promettent le meilleur mari, la meilleure épouse.

Douzième Étude : *De la sanction morale.* — La Justice ne serait pas pour l'homme une loi, si d'un côté ses préceptes n'étaient revêtus d'un signe qui en garantisse l'absolue certitude, et si d'autre part la pratique pouvait en être regardée comme indifférente. La Révolution répond à ces deux questions, où l'Église se croit, à tort, sûre de l'embarrasser.

Le législateur, c'est la conscience, c'est l'homme.

L'authenticité de la loi morale se reconnaît à ce signe que tout, dans la nature, ailleurs même que dans l'ordre intellectuel et moral, s'explique par la Justice, tandis que sans elle tout devient incompréhensible. La sanction pénale attachée à la loi se manifeste en ce que tout se réjouit dans l'homme, dans la société et dans la nature, quand la Justice est observée, en ce que tout souffre et meurt quand on la viole. La loi et le législateur sont un. Les croyants pensent que Dieu se réjouit ou s'afflige, quand la loi morale est obéie ou violée. Ce magnifique symbole vient de ce qu'en pareille circonstance, l'homme jouit ou pâtit en sa qualité de législateur ; la philosophie explique ainsi, par la voix de Proudhon, ce phénomène jusqu'ici incompris, la délectation qui accompagne dans le cœur de l'homme l'accomplissement de la Justice, et le remords qui en suit la violation.

Pour arrêter la théorie du droit pénal, il n'y a qu'à enregistrer le développement de la sanction morale dans les groupements humains, de plus en plus compréhensifs, couple conjugal, famille, cité, humanité.

Les membres de toute collectivité sont solidaires, ayant une conscience commune. Là est le principe de la juridiction paternelle, et, postérieurement, de toute institution pénale. La société n'a pas le droit de punir, c'est-à-dire de violer solennellement la dignité d'un individu, en représailles d'une violation de la dignité sociale. Le coupable doit réparation matérielle du mal fait au bien d'autrui ; il doit de plus réparation, en actes de vertu et de dévouement, du mal qu'il a fait à la conscience commune. Mais aussi, la sanction n'étant complète que si elle est réciproque, comme le crime ou délit est presque toujours causé ou influencé par le système des rapports qui forment la société, il y a lieu, pour celle-ci, de rechercher en quoi elle a pu être coupable envers le délinquant et de travailler à son propre amendement par une revision incessante de ses institutions.

L'équilibre détruit dans l'ordre moral ne tarde pas à l'être dans l'économie, et c'est une seconde sanction de la Justice. Ce sont nos vices qui nous empêchent de tenir la balance égale entre les forces, les services, les besoins, les produits, les salaires. La misère, tel est le châtiment, appliqué en masse, des iniquités du peuple.

Il y a une troisième sanction, dans la politique et dans l'histoire : une société tout entière matérialisée, ou qui a mis le spirituel à part du temporel, se caractérise par le régicide (ceci était écrit et paraissait au lendemain de l'attentat d'Orsini), que certains exaltent, mais qui est vain et criminel, parce que ce maître que vous tuez, c'est vous, et que, quoi qu'il ait fait, le vrai coupable, c'est encore vous. Le despotisme et le régicide, après la lèpre, disparaîtront de l'Europe le jour où la société, consciente de son immoralité séculaire, voudra en sortir, restaurer en soi le spirituel, s'assurer contre la tyrannie d'en haut et l'insurgence d'en bas.

Enfin, une dernière sanction, c'est que la Justice violée a engendré le scepticisme métaphysique et scientifique, après le scepticisme moral, tandis que la Révolution, restauratrice de la Justice, résout par là même le problème de la certitude et construit enfin la philosophie.

Prêt à poser la plume, Proudhon, fier de son œuvre, se tourne vers Monseigneur Mathieu, pour lui offrir la paix, aux termes d'un concordat étrange. Que l'Église accepte de prêcher la morale révolutionnaire dans les temples et les écoles du peuple de France, souverain au spirituel comme au temporel ; qu'elle abolisse ou laisse abolir tout ce qu'elle a de théologique et d'ecclésiastique ; qu'elle fasse remise aux communes de toutes ses propriétés, aux prêtres de leurs vœux perpétuels, aux fidèles de leurs dons, et Proudhon lui tend la main, lui donne son mariage à bénir, ses filles à baptiser.

Le cardinal-archevêque n'a-t-il pas vu que Proudhon est aussi religieux et presque dans les mêmes termes que lui ?

Il faut relever ce dernier trait, extrêmement important. L'influence des Écritures et celle de l'en-

seignement catholique sur Proudhon ont été grandes et l'ont pénétré plus loin qu'il ne s'imaginait,
quoiqu'il ait avoué de bonne foi ce qu'il apercevait
en lui de leurs effets. Ce serait là, pour un spécia-
liste, le sujet d'une de ces quatre ou cinq études
techniques partielles, faute desquelles l'étude générale à faire sur Proudhon ne pourra être faite
comme il conviendrait.

Le mot de Monseigneur Mathieu sur Proudhon
est profond, sinon d'une justesse complète :
« Proudhon n'est pas un athée, c'est un ennemi
de Dieu. » Disons, pour être plus exacts, ennemi
du Dieu de l'Église, comme Lucifer l'est de
Jéhovah. Et ses sentiments sont les mêmes à l'égard
de l'Église. Ce sont là guerres civiles, où le révolté
témoigne un reste de sujétion par la violence même
et les procédés de sa révolte.

L'EXIL (1858-1862)

Nous avons examiné longtemps ce grand livre de la *Justice*, qui est comme le massif central de la pensée de Proudhon, vers lequel monte la première partie de son œuvre, d'où descend la dernière. Nous pouvons maintenant aller plus vite en besogne.

L'ouvrage avait paru le 22 avril 1858 ; le 28, il était saisi. M. Desjardins a rapporté avec soin le détail de cette histoire. Le 2 juin, malgré une pétition hautaine au Sénat, Proudhon était condamné à trois ans de prison et 4.000 francs d'amende. Il veut en appeler, imprimer un Mémoire de défense ; les imprimeurs se dérobent. Alors il se décide à faire tirer en Belgique, où il arrive le 17 juillet. Il s'installe à Bruxelles, sous le nom de Durfort, professeur de mathématiques. Le 28 août, il a des remords, à cause d'un déjeuner de trente-trois sous, en pensant qu'il n'y a pas le quart des ouvriers du pays qui gagnent trois francs par jour. Son Mémoire est exclu de France. Victime personnelle du régime, Proudhon, parmi ces proscrits, qui ne

haïssent rien tant que Napoléon III, écrit, le 27 octobre : « Je le jure sur mon âme, et conservez
mon serment ; si je croyais pouvoir, demain, par
le secours de Napoléon III, faire faire un pas à la
Révolution, je le ferais sans hésiter, dussé-je être
condamné sans rémission par les rouges. »

Cependant, la solitude lui pèse ; il se doute que
sa condamnation séra confirmée en appel, comme
elle le fut, en effet, le 25 janvier 1859. Il préfère
l'exil à la prison. Il fait venir sa femme et ses
enfants, qui lui arrivent le 1er décembre, et bientôt
voilà toute la maisonnée rassemblée dans un nid
modeste, à Ixelles.

La joie de cette réunion donne à Proudhon confiance dans l'avenir ; « le monde commence à se
mouvoir dans *son* orbite » ; cela étant, il serait
bien malheureux, s'il ne parvenait pas à procurer
aux siens un peu de bien-être.

Il médite à cet effet un grand travail, multiple
et indéfini, une *Philosophie populaire,* où il étu-
diera, dans des publications diverses, l'histoire, la
littérature, l'économie politique, la morale, à l'aide
du nouveau principe philosophique, la Justice. Ce
sera le pendant du *Cours de littérature populaire*
de Lamartine.

En février 1859, au moment où il méditait une
brochure contre l'intervention de la France dans
les affaires d'Italie, il est pris d'un monstrueux

catarrhe, qui interrompt son travail ; il s'y remet, malgré le mal et au risque de l'empirer ; car le livre qu'il a entrepris doit apprendre aux gouvernements eux-mêmes ce qu'ils ignorent, la philosophie de la guerre, le sens des traités, la valeur de ce mot *nationalité,* et l'effet en sera de couler la guerre, en démontrant que la civilisation, guerrière à ses débuts, tend à une pacification universelle.

Le 20 août, il se croit compris dans l'amnistie promulguée après la paix de Villafranca ; il est détrompé durement quelques jours après.

Sa femme et ses fillettes, à qui il avait permis un petit séjour à Paris, en reviennent avec la scarlatine. Proudhon soigne ses malades, fait le ménage, les lits, la cuisine. Mais pendant ce temps il ne gagne rien ; la gêne est entrée dans la maison ; il se résigne à emprunter 1.000 francs aux frères Garnier.

Cette lamentable année 1859 se termine enfin.

Au commencement de 1860, Proudhon achève de préparer une seconde édition de la *Justice,* ainsi que d'autres publications pour Paris. Le 12 mars, il annonce que la première livraison de la *Justice* vient de paraître à Bruxelles. Il a corrigé, remanié, éclairci son premier texte. Il y a joint en particulier, sous le nom de *Programme,* une forte et nette introduction, où il expose les principes, les raisons et la conclusion de sa philosophie de la

Justice, sous une forme cette fois plus accessible au peuple pour lequel il avait voulu et cru écrire son ouvrage. Il entremêle aux livraisons successives une sorte de journal-revue, les *Nouvelles de la Révolution.*

Dans le même temps, son frère Charles, maréchal-ferrant en Comté, maladif, malhabile, et que Proudhon a toujours soutenu de ses dons, lui demande de l'argent. Proudhon, qui n'en a pas, est d'abord atterré. « Quand on songe que depuis plus de quarante ans (j'en ai cinquante et un révolus), ma vie se passe dans une continuité de pareilles misères, il ne faut pas s'étonner s'il y a parfois de l'aigreur sous ma plume. » Mais l'indomptable stoïcien se redresse aussitôt. Il écrit à son frère : « Crois que je ne peux mieux faire en ce moment que de te donner de bonnes paroles ; et souviens-toi, comme moi, que la vie étant un combat, le plus sage est de faire de ce combat notre félicité. »

Proudhon correspond amicalement avec Herzen, et l'invite à commencer avec lui, par des citations mutuelles, l'union de la France et de la Russie, deux pays, après tout, faits pour se comprendre. Il reçoit le *Port-Royal* de Sainte-Beuve, et remercie à cette occasion le grand critique, destiné à donner bientôt de lui une biographie, malheureusement partielle, qui restera le fondement de toutes les études à venir sur Proudhon.

Le 25 mai, Charles est mort, sans peur, sans reproche, regrettant de ne rien laisser à ses enfants. Il faut encore arranger ses affaires. Proudhon emprunte de nouveau, à Beslay, et à un ami belge, Delhasse, dont les proudhoniens doivent honorer la mémoire, pour la constante et efficace affection qu'il porta au proscrit, après avoir donné asile, au lendemain du coup d'État, à Ledru-Rollin, Étienne Arago, Boichot. Mme Proudhon, accablée de migraines et de douleurs articulaires, travaille comme une furie, tandis que son mari travaille comme un forçat.

Proudhon a mis la main à un mémoire sur l'Impôt, qu'il présentera au concours institué par le conseil d'État de Vaud ; il y a là une leçon d'économie sociale à donner, et un prix de 1.000 francs à gagner.

Une décision impériale du 12 décembre fait remise à Proudhon de sa condamnation.

Les premiers mois de 1861 sont usés à des négociations irritantes pour la publication de *La Guerre et la Paix*. Tour à tour, les Garnier et Hetzel se dérobent. Heureusement, Proudhon obtient le premier prix à Lausanne. « M. Proudhon, couronné pour un ouvrage d'économie politique par le Conseil d'État d'un État souverain ! Ce moment sera un jour à noter dans l'histoire de la Révolution au XIXe siècle. »

La Guerre et la Paix paraît enfin le 21 mai, chez Dentu. Langlois et Chaudey ont à défendre le livre, contre lequel un *tolle* général s'élève dans la démocratie, même parmi les amis de l'auteur, qui s'irrite d'être si mal compris et s'indigne d'être si mal jugé. Il a voulu bafouer, déshonorer la guerre ; et on l'accuse de l'avoir exaltée !

D'où venait donc ce malentendu ? De ce que l'ouvrage était mal fait, sans équilibre, outrancier dans la thèse, tardif et écourté dans l'antithèse, écrit par un idéaliste forcené, selon une idéologie spéciale, dans une langue spéciale et propre à tromper, mal débrouillé dans les principes et proposant comme un droit justicier de la force son droit réel de juridiction ; avec tous ces défauts, et beaucoup d'autres encore, une des œuvres de Proudhon où l'on trouve les plus beaux passages, les plus fortement pensés, les plus hautement sentis, et d'une forme égale au fond.

La guerre, dit Proudhon, est génie, audace, poésie, passion, l'expression incorruptible de notre conscience, l'acte qui nous honore le plus devant l'univers et devant l'Éternel, parce qu'il crée le droit et la société. Il est bien vrai qu'une influence impure s'y mêle ; Proudhon le sait, mais il remet d'en parler ; car nous en sommes à l'affirmation, et il sera temps de s'en occuper, quand nous en serons à la négation. Par malheur, le lecteur, scandalisé, n'ira pas jusqu'à la contre-partie, et fermera le

livre, en maudissant, avec la guerre, son panégy-
riste inattendu.

L'admiration de la guerre, *telle qu'elle doit être,*
et telle qu'il la célèbre, inspire à Proudhon le dessein, qu'il proclame sans rire, de renouveler à fond
la stratégie et la tactique. Il est avec Bayard contre
l'arquebuse. N'avions-nous pas assez de la lance
et l'épée ? Combattre à armes égales fut, de tout
temps, la maxime du vrai soldat. Il proteste contre
une ruse de Bonaparte, qui, en Italie, fait déposer
les armes à une troupe d'Autrichiens, bien plus
nombreuse que ses propres soldats. A toute force,
enfin, il s'avise que cette *notion de* la guerre est
contredite par le caractère de férocité, de rapine et
de perfidie que la guerre a, de tout temps, revêtu.

D'où vient cette déformation de la guerre ? Du
paupérisme. La cause de la guerre est économique et
universelle, le paupérisme sévissant sur les nations
civilisées autant que sur les hordes barbares. Ici,
des pages incomparables, où Proudhon explique
comment l'humanité doit travailler à remplacer le
paupérisme malfaisant par la bienfaisante pauvreté. Elle ne peut récolter et produire que ce qui
est nécessaire à son existence ; on la trompe, quand
on lui fait espérer (Proudhon avait été de ceux-là)
plus de subsistances obtenues avec moins de peines ;
le long travail s'impose et toujours s'imposera, car
les besoins s'accroissent avec les ressources ; le

paupérisme, c'est la disette ; la pauvreté, c'est la suffisance ; heureuse pauvreté, qui impose à tous le travail, source et maître de vertu ! les seuls moyens d'augmenter la richesse d'un pays et de le faire bien vivre, au sens matériel et au sens moral du mot, sont de perfectionner l'industrie et d'extirper le parasitisme, mais surtout de lui donner l'éducation, en lui enseignant, comme Pythagore et Jésus, le labeur et la tempérance, et à faire droit ; « vivre de peu en travaillant beaucoup et en apprenant sans cesse, telle est la règle dont il appartient à l'État de donner aux citoyens l'exemple » ; le paupérisme vaincu, plus de révolutions, plus de guerres.

Par cette conclusion se manifeste le but pacifique du livre de Proudhon. Puis, l'influence de la dialectique hégélienne le pousse à instituer un parallèle entre les vertus du guerrier et celles du producteur, où des analogies d'une symétrie forcée violent l'évidente vérité des faits.

Chemin faisant, Proudhon a remis à la force, s'imposant, soit par la violence, soit par un ascendant pacifique, le soin de dénouer le litige entre le prolétariat et le capitalisme. A la bonne heure ; ici, le droit de la force est d'accord avec la force du droit. Mais que la victoire des champs de bataille fasse justice, qu'elle revienne nécessairement au plus capable et au plus digne de promouvoir la civilisation. Proudhon, sans y prendre garde, égale, dans ces affirmations, l'affligeante servilité de Hegel aux sentences du juge Mars. Heureusement pour elle et pour le progrès du monde, l'Allemagne n'a pas écouté la voix de son grand philosophe, à l'heure des triomphes de Napoléon. Quand la guerre aura vraiment trouvé son successeur, il sera temps d'en célébrer les vertus.

Dans ce livre plus qu'ailleurs, Proudhon a cédé à ce qu'il appelle l'ivresse des dialecticiens, en attendant qu'il y cède en sens contraire, sur certaines questions tranchées ici. « La guerre, disait-il en 1861, a constaté que le pontife couronné n'est plus viable ; elle a jugé, si j'ose ainsi dire, divinement. » Il va démontrer demain que le découronnement du pontife serait un crime contre la Justice et la civilisation.

Il lit Victor Hugo, et s'avise, pour la première fois, qu'il y avait en lui une idée sérieuse. Mais ce jugement favorable n'est pas de durée. L'échangiste qu'est Proudhon ne tarde pas à invoquer contre le grand poète cette fausse équation de *Sultan Mourad* : « Un pourceau secouru pèse un monde opprimé. »

Il publie son mémoire sur l'impôt, que Karl Marx a ravalé avec une ironie cruelle. Comme il n'est pas nécessaire que la critique refasse sans cesse ce qui a été bien fait, dans des livres à la portée de tous les acheteurs, je renvoie à l'analyse que M. Hubert Bourgin a donnée de l'*Impôt* dans son *Proudhon*, dont la lecture sera en général un utile complément à celle de cette étude.

Proudhon entre en polémique avec la *Presse*, sur les revendications nationales des Polonais, qu'il va combattre dans une brochure. Les raisons que Proudhon invoque contre cette infortunée nation sont éclairées d'un jour singulier par les Mémoires de Kropotkine *(Autour d'une vie)*, à l'endroit où est expliqué l'échec de la révolution tentée en 1863, par des patriotes qui oubliaient d'accorder chez eux à leurs concitoyens serfs les droits qu'ils revendiquaient pour leur pays contre l'étranger. On traite Proudhon de faux démocrate ; on le dit acheté par la Sainte-Alliance ; il est combattu par les *nationalistes ;* c'est ainsi qu'il nomme « les partisans quand même du principe des nationalités ».

Il annonce à Chaudey, le 28 décembre, « la nouvelle étourdissante » qu'il a enfin complété la théorie de la propriété, « jour nouveau jeté sur la constitution de l'humanité » ; mais le livre où il a exposé sa découverte ne devait paraître qu'après sa mort.

A cette fin de 1861, il pense à regagner la France ; de mois en mois, il remet son départ ; il invoque l'obligation de terminer son ouvrage sur la Pologne ; mais c'est le manque d'argent qui le retient.

Ses finances sont en meilleur état au début de 1862. Il compte rembourser 1.700 francs. Mais les médecins redoutent pour lui l'épuisement ; ils lui prescrivent un repos de six mois. La maladie, ou au moins la faiblesse, l'assombrit.

Il ne trouve pas d'éditeur pour une brochure, *Les Majorats littéraires*, un de ses ouvrages les mieux écrits (c'est ainsi qu'il l'a bien jugé), où il a combattu « la loi sur la propriété littéraire, coup mortel, décisif, porté à la Révolution de 89 et à tout ce qu'elle a produit ». Il y a démontré que le fond des œuvres littéraires appartient à la collectivité, où le talent et le génie puisent leurs pensées. Et le voilà qui va déclarer, dans une crise de tristesse, contrairement à sa pensée foncière d'hier et de toujours, qu'en France le génie n'est pas l'expression de la race, qu'il y existe solitaire, et que les masses se gouvernent par d'autres idées (*Corr.*, XII, p. 46). Enfin, *Les Majorats littéraires* sont publiés à Bruxelles, fin avril.

Proudhon est torturé, depuis trois semaines, par un catarrhe. « Ma femme travaille comme un forçat, elle souffre par moments comme un damné, et elle devient méchante comme un diable ; cependant, comme je suis assez bien soigné et obéi, je prends ma moitié en patience ; il faut pardonner beaucoup à qui aime beaucoup, dit l'Évangile. »

Dans une lettre à Bergmann, du 14 mai, il jette
un coup d'œil sur sa vie passée, sur ses insuffi-
sances, ses ignorances, ses demi-succès de demi-
homme ; « mais j'ai été, je crois, un honnête
homme ; là-dessus, je me mets sans façon au niveau
des maîtres ». Le prince Napoléon le blâme de
tant reculer son retour à Paris ; il est bon, le
prince ! il ne se doute pas que c'est une affaire de
1.500 francs.

Le livre projeté et commencé sur la Pologne
se décompose en plusieurs ouvrages, dont l'un
deviendra la *Théorie de la Propriété.*

Proudhon scandalise les jacobins de tout pays
par des articles sur Mazzini, sur Garibaldi, où il
combat l'unité italienne, au nom du principe bien
entendu des nationalités, au nom du progrès social,
au nom de la France, qui ne doit pas constituer sur
sa frontière une nouvelle grande puissance dont
elle ne tardera pas à éprouver l'ingratitude. Dans
l'article sur Garibaldi, un paragraphe fait accuser
Proudhon par les Belges de conseiller à Napoléon III l'annexion de leur pays. Proudhon hausse
les épaules, ricane, s'impatiente, promet de faire
des victimes avec sa plume. Mais les journalistes
belges ne sont pas seuls à s'indigner. Le 12 septembre, une manifestation populaire, devant la
maison de Proudhon ; le lendemain, une émeute.
Entre les deux, Proudhon avait gagné Paris. « Ces
choses-là n'arrivent qu'à *lui* » ; il est un des rares

Français opposés à l'incorporation de la Belgique, « et pour cette opinion, exprimée à *sa* manière, *il est* expulsé du territoire » par une clameur de haro.

C'est qu'en vérité, sa manière trompe souvent sur sa pensée ; de là pour la mauvaise foi, l'inattention, la passion ombrageuse, des occasions fréquentes de se tromper ou de tromper à son sujet ; de là, pour la critique sérieuse et sincère, des épines sans nombre.

RENTRÉE EN FRANCE. — DERNIÈRES ANNÉES

Proudhon a laissé à Bruxelles une dette d'un franc, qu'il prie Delhasse d'acquitter. Il a fait paraître une nouvelle brochure sur l'unité de l'Italie, et lui prépare une suite. Bientôt, nous serons débarrassés de cette sotte intrigue italienne; sur quoi, « nous recommençons tout à nouveau avec le Droit et la Science », malgré le *Siècle,* la *Presse* et d'autres, dût notre pensée coïncider avec celle de l'Empire et de l'Épiscopat.

Le fond et la fin de sa pensée présente, c'est l'idée fédérative, née en lui à l'occasion de la guerre d'Italie, qui, cette fois, l'inspire plus heureusement que dans *La Guerre et la Paix.*

Le livre *Du principe fédératif et de la nécessité de reconstituer le parti de la Révolution* parut en février 1863. Proudhon, à juste titre, était médiocrement satisfait de la forme qu'il avait donnée à cet ouvrage, trop retouché, mal bâti de pièces et de morceaux; mais il le jugeait irréfutable, quant au fond, et il l'a déclaré capable de faire une révolution dans les esprits. Capable, c'était trop dire; mais digne eût été juste.

Contre la dynastie piémontaise qui voulait réunir sous son sceptre toute l'Italie, il s'était élevé dans les articles indiqués plus haut : « Ces grands acteurs, dont le génie étoufferait dans une confédération de villes libres, et à qui il faut des empires de quarante millions d'hommes... » Aux patriotes fiévreux qui encourageaient Victor-Emmanuel du dedans, aux libres-penseurs borgnes et aux nationalistes aveugles qui l'applaudissaient du dehors, il avait répondu : « L'unité aujourd'hui, et depuis 1815, c'est tout simplement une forme d'exploitation bourgeoise sous la protection des baïonnettes... Dans un petit État, rien à grappiller pour un bourgeois... On dit : Rome est aux Italiens ; je réplique que Rome est aux Romains, comme Naples aux Napolitains et Paris aux Parisiens... ; sous le nom d'unité, vous organisez l'extinction des nationalités... Le progrès civilisateur, les services rendus au monde sont en raison inverse de l'immensité des empires... Toute agglomération d'hommes, comprise dans un territoire nettement circonscrit et pouvant y vivre d'une vie indépendante, est prédestinée à l'autonomie... Le principe de fédération, corollaire de celui de la séparation des pouvoirs, s'oppose au principe funeste de l'agglomération des peuples et de la centralisation administrative. »

Dans son nouveau livre, Proudhon reprend, généralise et systématise ces idées, pour montrer dans la fédération le système politique le plus conforme à la Justice et à la liberté, le seul capable de mettre en harmonie la forme politique des États avec la constitution économique des peuples, dont l'organe est la fédération agricole-industrielle. « Par ce garantisme politico-économique, expression la plus haute du fédéralisme, la France, ramenée à sa loi, qui est la moyenne propriété, qui est l'honnête médiocrité, le niveau de plus en plus approché des fortunes, l'égalité, — la France, rendue à son génie et à ses mœurs, constituée en un faisceau de souverainetés garanties les unes par les autres, n'a rien à redouter du déluge communiste, pas plus que des invasions dynastiques. »

C'est au nom de l'anarchie, il faut le redire ici, et non, comme on l'a prétendu, à la place de l'anarchie, que Proudhon préconise le fédéralisme.

Le sous-titre *De la nécessité de reconstituer le parti de la Révolution* répondait bien moins au contenu du livre qu'à certaines méditations politiques dont Proudhon exprime le sens et le résultat dans ses lettres du temps. Des élections sont proches ; il faut que la nouvelle démocratie s'abstienne. Déjà, l'année précédente, il écrivait de Belgique à Darimon : Ce qu'il faut, c'est « une transformation radicale ; il s'agit bien aujourd'hui de dynastie et de parlementage ». Il souffre plus que jamais de la tête ; mais il ne se donnera congé que quand il aura dit son mot sur les prochaines élections.

Le 10 avril, il annonce *Les Démocrates asser-mentés et les Réfractaires :* « C'est une petite philo-sophie du suffrage universel, où je montre que ce grand principe de la démocratie n'est qu'un corol-laire du principe fédératif, ou rien... Quiconque résistera à cela et ira voter quand même, n'a que faire de se dire démocrate ; c'est un acolyte du Palais-Royal ou un muffle. » En 1852, il avait enjoint aux électeurs de voter, permis aux députés de prêter serment ; aujourd'hui, à peu près comme en 57, il interdit aux uns de voter, sinon par bulletin blanc, aux autres de jurer. On ne l'écoute pas plus cette fois-ci que les autres ; toutes les oppositions votent avec frénésie contre les candidats officiels, et l'emportent en maint endroit ; il n'y a dans les urnes du 31 mai que 4.556 bulletins blancs ; mais il y a 86.000 abstentions totales à Paris ; « la moitié au moins nous appartient » ; ainsi se récon-fortent les petits esprits et les grands.

L'échec de l'Empire remplit Proudhon de joie ; mais il se demande si on va recommencer les parlottes du Corps législatif. L'opposition des Trente-six lui apparaît comme le véritable ennemi.

La fièvre des élections lui a rendu un semblant de force ; au fond, sa santé se délabre de plus en plus. Son histoire, à partir de ce moment, ne serait qu'un lamentable bulletin de maladie, si, à travers ses souffrances, sa lassitude, parfois son dégoût de tout, l'activité de son esprit, toujours stimulée par ses préoccupations sociales, même lorsqu'il paraît traiter un sujet d'un autre ordre, ne s'employait à de nouvelles productions, une brochure sur les tableaux de son compatriote comtois Courbet, qui deviendra le livre *Du principe de l'art*, une autre *Si les traités de 1815 ont cessé d'exister*, où Proudhon montre dans les traités de Vienne l'organisation des libertés constitutionnelles et la consécration par les gouvernements du droit des peuples au perfectionnement indéfini de leurs institutions, comme les traités de Westphalie avaient posé le principe de l'équilibre européen.

A la fin de septembre, Proudhon étouffe dans son lit ; il est obligé parfois de passer la nuit dans un fauteuil. Le 31 décembre, il écrit une lettre admirable à un ami sourd, pour le consoler de son infirmité et tourner sa pensée vers la véritable fin de l'homme, qui est de « réaliser sur la terre le règne de l'esprit » ; cela ne nous est donné que dans l'âge mur, « quand les passions commencent à faire silence et que l'âme, de plus en plus dégagée, étend ses ailes vers l'infini ».

Il tombe malade, ou plutôt il est repris d'un nouveau mal le 1er janvier 1864 ; il cumule rhume, catarrhe et asthme, « étouffant, crachant, toussant et bavant ». Le 23 janvier, il se croit en convalescence, triste cependant ; car, après avoir fait une analyse inquiétante de son état, il ajoute : « Il ne me reste que l'affection pour les amis, sans laquelle je demanderais à mourir. » Il prie Beslay de lui trouver un emploi qui lui permette de vivre en ne travaillant pas beaucoup, trois ou quatre mille francs par an, en échange de sept ou huit heures de travail par jour. Il fait sa seconde sortie le 14 février, au soleil, par un temps printanier; à peine peut-il marcher, ce qui ne l'empêche pas d'arrêter des plans d'études et d'écrits, qu'il communique à Bergmann, le 15.

Le 17 février, paraissait dans *l'Opinion nationale* le Manifeste des Soixante, signé par une élite de la démocratie travailleuse, qui entendait poser des candidatures ouvrières aux élections complémentaires de mars, et qui expliquait son droit. Ils tiennent à être de la fête, dit Proudhon ; pourquoi pas ? le peuple veut aussi manger au ratelier de l'État; mais alors, qui le remplira? Le 8 mars, il donne « aux Ouvriers » son opinion sur le Manifeste. Il réfute les républicains aveugles qui ont reproché aux Soixante d'établir des classes dans ce peuple français que 89 a unifié et égalisé ; comme s'il n'y avait pas dans notre société un prolétariat qui ne vit que de son travail, en face d'une bourgeoisie qui vit d'autre chose que de son travail, quand elle travaille ! La plèbe a donc bien son existence à part ; elle a droit à une représentation qui lui soit propre. Cependant, pour des raisons d'ordres divers, politiques et sociales, Proudhon lui conseille de s'abstenir dans les élections. Il lui recommande la *séparation*, ce grand moyen de la plèbe romaine ; en doublant ce séparatisme de fédéralisme et de socialisme, Proudhon la préservera de l'écueil césarien où sombra l'illustre république.

Le 15 avril, il se dit remis de sa troisième rechute. Le 1er juillet, les frères Garnier lui envoient une avance de cinq cents francs, qu'il va s'empresser de gagner ; il promet donc à ses éditeurs de la littérature comme on n'en fait guère, de la morale comme on n'en fait pas, de l'économie politique comme on ne l'a pas soupçonnée jusqu'ici ; il a encore en train des études sur l'Art, sur la Bible ; mais il vient d'être cloué un mois par un érésipèle ; qu'on veuille bien lui laisser le temps de se remettre. Hélas ! il ne se remet pas ; il doit faire un nouvel appel à Delhasse, qui envoie deux mille francs.

A ce moment, l'idée lui vient du pays natal, où il espère se retremper, sous les sapins, en passant trois ou quatre jours à Besançon. Le 20 juillet, il fait part de son itinéraire au bon Maurice dans une lettre où il l'informe qu'il a refusé des émoluments de sept mille deux cents francs par an, à lui offerts par le *Nain jaune*, pour quatre articles par mois. Il suit passionnément les travaux de Pouchet sur la génération spontanée, et l'encourage contre Pasteur. Il part de Passy le 20 août. A Besançon, il rend visite au vénérable bibliothécaire Weiss, âgé d'environ quatre-vingt-cinq ans ; le vieillard et le moribond s'embrassent avec effusion. Proudhon voyage trop, et, malgré lui, banquète trop. Il a une crise à Blamont, une à Besançon, une à Dampierre-sur-Salon ; le mal qu'il prend pour un asthme ne s'est pas atténué.

Il est de retour à Passy le 14 septembre. Après cette paresse de vingt-cinq jours, le voici attelé de nouveau à sa lourde charrue. Il se sent bas. Mais le vieux monde est plus malade encore. L'Internationale ouvrière vient de se constituer. La Révolution est imminente. Si chétif que soit Proudhon, il espère vivre assez pour assister à la débâcle, qui se produira sans doute avant dix ans. Il a tant de choses dans la tête et dans le cœur qu'il voudrait compter sur douze années de bon travail.

Le 15 octobre, il est plus mal, mais d'une façon nouvelle. Il ne suffoque plus ; « c'est difficulté de vivre, soustraction de forces vitales, insuffisance des fonctions essentielles ». Le 30, il reprend la plume : « N'importe, j'ai voulu me remettre au travail. Tous les jours, de sept à midi, je fais ma tâche ; besogne répugnante, inspirée par le chagrin, la colère, le dégoût, le désir de la mort, et que je n'ai pu encore terminer. Il me reste à l'heure qu'il est environ soixante pages à écrire, et voilà que, aujourd'hui même, l'oppression redouble, et je n'ai pu travailler... Si je continue à dépérir comme j'ai fait depuis deux mois, je doute que je puisse arriver au printemps, et puis, que me servirait ? Je mourrai avec le regret de n'avoir pu écrire les derniers articles de mon testament. » Il se console dans des conversations avec des ouvriers, des étudiants, qui lui rendent visite, élite d'hommes que leur ferveur éclaire, qui ne demandent qu'à marcher, plus avancés que le malade auprès duquel ils viennent pieusement, en apparence pour le consulter.

Le 23 novembre, il décrit à Delhasse son pitoyable état, qui ne l'empêche pas de travailler quatre ou cinq heures par jour, « autant pour s'occuper que *parce qu'il le faut.* » C'est sa fille Catherine, âgée de quatorze ans, qui écrit à Maurice le 30 novembre. Puis Proudhon reprend la plume, le 1er et le 10 décembre, pour mettre au courant de son mal son médecin et ami Cretin. Le 14, Catherine remplit de nouveau l'office de secrétaire. Le 31 décembre, Delhasse, de lui-même, fait un envoi de mille francs qui émeut Proudhon jusqu'aux larmes. Le 12 janvier, Proudhon dicte sa dernière lettre, à Buzon : « En ce moment, je suis plus accablé que jamais ; plus que jamais, je doute de ma résurrection, et je sue sang et eau pour appliquer encore une fois ma griffe sur cette missive dont je ne voudrais pas jurer qu'elle ne sera pas à vous la dernière. — A vous, à toujours ! »

Il mourait le 19. Langlois, son ami et le témoin de sa mort, a parlé de lésions au cœur.

PUBLICATIONS POSTHUMES

Proudhon n'avait pu mettre la dernière main à son ouvrage sur *La Capacité politique des classes ouvrières*, chant suprême de son rude amour pour ses frères du prolétariat, résumé de sa science économique et de son expérience politique, expression confiante des vœux et des espérances de toute sa vie. Mais il avait eu le temps, en décembre 1864, d'écrire une introduction ou dédicace, adressée par « l'auteur, à quelques ouvriers de Paris et de Rouen qui l'avaient consulté sur les élections », et, quand il se sentit perdu, il tint avec Chaudey une conversation de plusieurs heures, où il communiqua à ce sûr confident de sa pensée tout ce qui était nécessaire pour rédiger à sa place la conclusion du livre.

Le secret du nouveau monde était contenu là ; il ne fallait pas que rien manquât à ces instructions pour être intelligibles et efficaces.

La capacité politique d'une classe réclame d'elle la conscience de la situation qui lui est faite, l'idée de l'action qu'elle doit entreprendre pour l'améliorer, la volonté de mener cette action à terme.

Le Manifeste des Soixante prouve que le prolétariat français remplit ces trois conditions. Donc, on peut dire que « la démocratie ouvrière fait son entrée sur la scène politique ». Elle a livré son secret : toute sa pensée est consacrée au principe de mutualité. Cela étant, Proudhon n'a plus à l'interroger ; au besoin, il l'instruira. C'est au surplus ce qu'il fait dès le début, et il feint de tirer d'elle ce qu'il lui a enseigné antérieurement, quitte à supposer entre la doctrine du Manifeste et la sienne une unanimité qui parfois manque.

L'idée mutuelliste règle selon la Justice le travail, le salaire, le commerce, les loyers, les transports, le crédit, tout ce qui fait l'existence économique des individus et des sociétés. Elle réduit l'association à ses vrais principes et à ses fonctions nécessaires. Transporté dans la sphère politique, le mutuellisme prend le nom de *fédéralisme* ; il y combine, et seul il y peut combiner l'ordre et la liberté, les deux conditions indispensables de la société, dont la fraternité n'est que le condiment. L'État mutuelliste, c'est le peuple vraiment souverain.

En face de l'Idée ouvrière, considérez l'esprit bourgeois, qui se refuse à toute garantie, à toute mutualité, à toute obligation, qui préfère garder sa liberté et faire du commerce un jeu. Dans la France qui vécut jusque vers 1840, il y avait une âme d'égalité. Depuis, la féodalité financière a triomphé et la classe moyenne a été écrasée.

Le salut du pays est dans l'alliance entre la démocratie ouvrière et la classe moyenne. Aucun secours, aucun concours à attendre de l'opposition parlementaire. Il s'agit pour le parti ouvrier de conquérir la majorité à son idée ; cela fait, de s'imposer au pouvoir, en revendiquant son autorité souveraine. Mais on peut arriver là par une autre voie que par les élections, sans d'ailleurs s'écarter de la légalité. Le suffrage universel est mal organisé, mal consulté, violenté ou corrompu. Le régime unitaire de la France est tel qu'il approche chaque jour du communisme et qu'il rend inévitable une liquidation.

Les classes laborieuses ne doivent pas se compromettre, en se rendant garantes par leurs votes d'un ordre de choses économique et politique contre lequel elles ne cessent de protester, qui rend impossible la consultation sincère du peuple et la liberté de la presse, impossible l'enseignement du peuple tel qu'il doit être donné dans une démocratie, impossible la garantie du travail et de l'échange, qui vient d'autoriser les coalitions et la grève par la loi du 25 mai 1864, c'est-à-dire de légaliser la guerre entre employeurs et employés, parce que, ignorant le droit, il laisse les parties en lutte engager la bataille et s'en lave les mains comme Ponce Pilate, abandonnant ainsi aux contraintes ouvrières la malheureuse classe moyenne, avec laquelle la démocratie travailleuse, mieux inspirée, voulait naguère se fondre. Au contraire, l'idée mutuelliste établirait un régime de propriété généralisée, de fortunes petites, mais égales, de production abondante, de bien-être assuré, sous une loi de travail universel et de concurrence bienfaisante.

Proudhon laissait inachevés beaucoup d'autres ouvrages, dont les ébauches, diversement poussées, renferment toutes des éléments puissants d'intérêt. On en a donné au public un certain nombre. Chaque jour, des revues publient de lui, ou sous son nom, des pages tronquées, qui font dire *Encore !* à nos seigneurs les critiques, attentifs, comme on le sait, aux seules œuvres du génie, et qui trouvent ces tronçons indignes de leur attention. On ne partage pas leur indifférence ou leur impatience, quand on sait la lumière dont une phrase inédite peut quelquefois éclairer la pensée d'un grand esprit. Il faut espérer qu'un jour prochain il se trouvera un homme pour mettre en train une édition sérieuse, complète et critique, des œuvres de Proudhon, où tous ces apports posthumes prendront utilement leur place, mais avec des garanties d'authenticité et de transcription exacte. Ce sera un travail long et difficile, où la collaboration de plusieurs proudhoniens sera nécessaire sans doute. Ce sera aussi une grosse entreprise, dont les éditeurs pourront redouter la dépense. Voilà pour l'État une occasion de justifier quelque peu son existence contre les reproches d'inutilité et de malfaisance dont Proudhon l'a accablé.

En attendant, et pour terminer cette étude trop longue, si insuffisante pourtant, nous parlerons brièvement de deux des livres posthumes de Proudhon, *Le Principe de l'Art* et la *Théorie de la Propriété.*

Le premier reprend, développe et complète les idées exprimées par Proudhon, çà et là, dans sa *Correspondance,* dans le chapitre X de la première partie de la *Philosophie du Progrès,* dans la Neuvième et la Onzième Études de la *Justice,* dans les *Majorats littéraires.* Proudhon a des vues profondes sur la naissance spontanée de l'art (voir déjà le *Miserere,* 1845), sur sa subordination à la morale, sur ses rapports d'obligation avec le travail et toute la vie économique.

La *Théorie de la Propriété* a une importance naturellement bien plus considérable. Proudhon y maintient ses anathèmes contre la propriété, née du vol (il oublie ici le droit divin de la force), et qui s'exerce trop souvent par le vol, injustifiable dans ses origines, oui, mais qui peut se purger et s'ennoblir par ses fins.

La propriété individuelle est nécessaire à la production ; le laboureur ne féconde la terre que si elle lui appartient en légitime mariage. La pro-

priété individuelle est nécessaire à la circulation ;
il faut qu'elle puisse être dépecée et mise en vente
comme un quartier de bœuf par la volonté d'un
maître, afin qu'elle ne soit qu'un monopole passager
et qu'elle aide à l'échange par le dégagement du
capital qu'elle représente. La propriété individuelle
est nécessaire à la liberté contre les empiètements
de l'État, dont elle a toujours été le plus rude
antagoniste.

Ainsi la défendent l'économie et l'anarchie. Mais
ses abus sont là, sous nos yeux, parfois dans notre
chair saignante, et qui contrebalancent ses avantages. Soit ! La Justice en aura raison, en rendant
l'homme meilleur et meilleures les institutions.

Toutes les réformes proposées par Proudhon, en
48, pour l'abolition du prolétariat, conduisent au
nivellement et à la consolidation de la propriété,
qui deviendra, grâce à elles, un instrument de
garantie, d'ordre, de liberté et d'égalité : instruction intégrale, organisation du crédit et de
l'échange, réforme de l'impôt, fédération indus-
trielle-agricole ; par là s'établirait un régime de
moyenne propriété, laborieux et fécond, côte à
côte avec de puissantes associations ouvrières,
chargées de pourvoir à ceux des besoins sociaux qui
exigent un travail collectif ; pour tous, la vie
facile, grâce au labeur universel et à la probité de
l'échange, dans l'égalité des fonctions et des droits,
sans prélèvement injuste ni du capital ni du tra-

vail, sans aubaine ni agiotage, sans rien de ce qui déshonorait la propriété et le commerce.

Malgré sa confiance dans ces garanties, malgré sa haine de la communauté, Proudhon conserve un reste de sa vieille inimitié contre la propriété. Dans une dernière page, des plus touchantes qu'il ait écrites, il rapporte comment il se sent le cœur serré, dans ses promenades aux environs de Paris, lorsqu'il voit ses regards et ses pas arrêtés si souvent par tant de murs et de barrières. Quant à lui, si jamais il devient propriétaire, il fera en sorte que Dieu et les hommes le lui pardonnent.

Tel est donc l'idéal de Proudhon : une collectivité de petits propriétaires et d'ouvriers, individuellement libres et socialement unis par une réciprocité de services, échangeant leurs produits selon la Justice, c'est-à-dire au juste prix, travaillant tous et retirant tous le produit exact de leur travail, produit proportionnel à leur production respective, donc inégal encore, mais approximant de plus en plus l'égalité, au fur et à mesure qu'un large enseignement pratique et théorique, également dispensé à tous, achemine vers l'égalité les intelligences, et que la responsabilité du travailleur lui enseigne l'avantage, en même temps que la dignité, du travail régulier et consciencieux ; dans cette société, où la science assurera l'existence, tandis qu'un art naturel et sain l'embellira, la Justice naîtra nécessairement d'une économie juste ; la famille redeviendra l'institution sainte qu'elle a été dans les premiers siècles de Rome ; l'atelier, noyau et modèle de la société, sera un foyer de savoir, d'adresse, de coopération libre et d'égalité progressive ; plus de gouvernement, du moins plus d'autorité dans le gouvernement ; le contrat réglera toutes les transactions des hommes ; le paupérisme étant mort, plus de lutte pour la vie entre les individus, les familles, les classes, les cités, les peuples ; la communion universelle, l'unification du genre humain ; alors pourra s'épanouir la dernière fleur d'une société juste, la fraternité, que seule une folle utopie pouvait prétendre cultiver dans le régime inique où les institutions et les usages, sous l'empire d'une fausse économie, tendaient à opposer l'homme à l'homme, comme une proie à exploiter sans merci, à l'abri des lois et des coutumes.

Ce rêve est beau. S'il n'est pas réalisable dans la perfection de sa formule, peut-être n'est-il pas condamné à demeurer un pur rêve. En tout cas, on jugera s'il est d'un petit bourgeois, selon le jugement de Marx, qui condamnera durement Marx, le jour où Proudhon sera lu.

Aujourd'hui qu'on oppose volontiers *réforme* et *révolution,* il est bon de retenir la leçon que Proudhon nous a donnée sur la Révolution, mot et chose, et de ne pas le ranger dédaigneusement parmi les réformistes, sous prétexte qu'il répudiait en général la violence, qu'il tenait à la légalité, et qu'il avait les Robespierre en abomination. Ses admirateurs mêmes ont parfois contribué à cette erreur et à cette injustice. Quand Ernst Busch, par exemple, intitulait une étude *Marx ou Proudhon? Révolution sociale ou Réforme sociale?* il s'exposait à propager une confusion fâcheuse. Dès 1840, il faut y revenir, Proudhon déclarait que 89 n'avait été qu'une bataille et un progrès, non une révolution, parce qu'il n'avait pas touché à l'inégalité des fortunes et des rangs ; en 1848, il s'épuisait à enseigner que les procédés de 93 n'étaient plus de mise et que la parole était aux financiers, pour supprimer l'inégalité des fortunes et des rangs. C'est que là, et non ailleurs, est la Révolution, la vraie, quels que soient d'ailleurs les moyens employés à la réaliser ; et des barbares seuls préféreraient l'accomplir au prix de la vie d'êtres humains.

Proudhon s'est-il fait illusion en croyant à la possibilité d'une Révolution sans coups de force, soit utiles et beaux, comme la prise de la Bastille, soit funestes et horribles, comme les exécutions de la Terreur ? En tout cas, on ne saurait lui faire un grief d'avoir souhaité la Révolution pure de sang, s'il l'a voulue intégrale et définitive, ce qu'il n'est pas permis de contester sans mensonge, s'il en a donné l'idée la plus désirable, et s'il en a indiqué peut-être les moyens les plus efficaces.

BIBLIOGRAPHIE

[Cette bibliographie sommaire est destinée à indiquer l'ordre chronologique et les dates de publication des ouvrages de Proudhon, à donner au lecteur le moyen de se retrouver dans les *Œuvres complètes*, publiées de 1867 à 1870 par Lacroix et ses associés, à recommander divers travaux d'histoire ou de critique nécessaires ou utiles à qui veut connaître et juger Proudhon.]

1832 et années suivantes : Lettres, publiées en 1875, sous ce titre : *Correspondance de P.-J. Proudhon, précédée d'une notice sur P.-J. Proudhon, par J.-A. Langlois,* Paris, librairie internationale, 14 vol.

1837 : *Essai de grammaire générale* (sans nom d'auteur), à la suite d'une réimpression du livre de l'abbé Bergier, intitulé : *Éléments primitifs des langues, découverts par la comparaison des racines de l'hébreu avec celles du latin et du français.* — Sur un remaniement de cet *Essai de grammaire générale,* v. Sainte-Beuve, *P.-J. Proudhon,* 6ᵉ éd., p. 25.

1839 : *De la célébration du dimanche, considérée sous les rapports de l'hygiène publique, de la morale, des relations de famille et de cité.* — Œuvres compl., t. II.

1840 : *Qu'est-ce que la propriété ? ou recherches sur le principe du droit et du gouvernement.*

1841 : *Lettre à M. Blanqui, professeur d'économie politique au Conservatoire des arts et métiers, sur la propriété.* — Œuvres compl., t. I.

1842 : *Avertissement aux propriétaires, ou lettre à M. Victor Considérant, rédacteur de la* Phalange, *sur une défense de la propriété.* — Œuvres compl., t. II.

1843 : *De la création de l'ordre dans l'humanité, ou principes d'organisation politique.*

1845 : *Le Miserere ou la pénitence d'un roi, lettre au R. P. Lacordaire sur son carême de 1845.* — Œuvres compl., t. II.

— *De la concurrence entre les chemins de fer et les voies navigables.* — Œuvres compl., t. II.

1846 : *Système des contradictions économiques, ou philosophie de la misère,* 2 vol.

1848 : Les articles de journal, écrits par Proudhon au temps de la seconde République, dans le *Représentant du Peuple,* le *Peuple,* la *Voix du Peuple,* le *Peuple* (de 1850), ont été rassemblés partiellement, sous le titre général de *Mélanges,* dans les Œuvres complètes, aux t. XVII, XVIII, XIX.

— *Solution du problème social* (22, 26 mars). — *Organisation du crédit et de la circulation, et Solution du problème social, sans impôt, sans emprunt,* etc. ; *Programme* (31 mars). — Ces deux brochures se trouvent reproduites au t. VI des Œuvres complètes, intitulé *Solution du problème social*, qui comprend aussi une brochure postérieure *Résumé de la question sociale, Banque d'échange* (1848), et divers documents relatifs à la Banque du peuple (1849), publiés dans le *Peuple*.

— *Lettre du citoyen P.-J. Proudhon à un de ses amis de Besançon, publiée d'après son autorisation datée de Paris 10 avril 1848 ;* non insérée dans la *Correspondance*.

— *Proposition relative à l'impôt sur le revenu, présentée le 11 juillet 1848, par le citoyen Proudhon, suivie du discours qu'il a prononcé à l'Assemblée nationale le 31 juillet 1848.* — Œuvres compl., t. VII.

— *Le droit au travail et le droit de propriété,* 5 octobre 1848. — Œuvres compl., t. VII.

1849 : *Les confessions d'un révolutionnaire, pour servir à l'histoire de la révolution de février.* — Le *Post-Scriptum, Apothéose de la classe moyenne,* est daté d'octobre 1851.

1850 : *Intérêt et principal, Discussion entre M. Proudhon et M. Bastiat sur l'intérêt des capitaux.* Articles extraits de la *Voix du Peuple* (12 nov. 1849 — 10 février 1850). — Dans le 3ᵉ vol. des *Mélanges,* au t. XIX des Œuvres complètes.

1851 : *Idée générale de la Révolution au XIXᵉ siècle, Choix d'études sur la pratique révolutionnaire et industrielle.*

1852 : *La révolution sociale démontrée par le coup d'État du 2 décembre.*

1853 : *Philosophie du progrès : Programme.*

— *Manuel du spéculateur à la Bourse.* Le nom de Proudhon n'y paraît qu'à partir de la 3ᵉ édition (1857), très augmentée. En collaboration avec Duchêne, et avec le concours de Beslay.

1855 : *Des réformes à opérer dans l'exploitation des chemins de fer, et des conséquences qui peuvent en résulter, soit pour l'augmentation du revenu des Compagnies, soit pour l'abaissement des prix de transport, l'organisation de l'industrie voiturière, et la constitution économique de la société.*

— *Société de l'Exposition perpétuelle, Projet.* Réimprimé à la suite de la *Théorie de la propriété* (posthume).

1858 : *De la Justice dans la Révolution et dans l'Église ; Nouveaux principes de philosophie pratique, adressés à Son Éminence Monseigneur Mathieu, Cardinal-Archevêque de Besançon,* 3 vol. — La seconde édition de cet ouvrage, qui commença à paraître en mars 1860, à Bruxelles, est considérablement augmentée et enrichie, dans son texte, puis par des notes et par des annexes *(Nouvelles de la Révolution).* Il faut savoir donc que la première édition, dont on se contente souvent, ne suffit pas à une étude exacte.

— *La Justice poursuivie par l'Église.* — Œuvres compl., t. XX.

1861 : *La guerre et la paix, Recherches sur le principe et la constitution du droit des gens,* 2 vol.

— *Théorie de l'Impôt, Question mise au concours par le Conseil d'État du canton de Vaud en 1860.*

1862 : *Les Majorats littéraires, Examen d'un projet de loi ayant pour but de créer au profit des auteurs, inventeurs et artistés, un monopole perpétuel.*

— *La Fédération et l'Unité en Italie.* — Œuvres compl., t. XVI.

1863 : *Du principe fédératif et de la nécessité de reconstituer le parti de la Révolution.*

— *Les démocrates assermentés et les réfractaires.* — Œuvres compl., t. XVI.

— *Lettre à Monsieur Rouy, rédacteur en chef de la « Presse »,* 29 mai 1863. — A la suite de *Théorie du mouvement constitutionnel au XIXe siècle* (posthume).

— *Si les traités de 1815 ont cessé d'exister, Actes du futur Congrès.* — Œuvres compl., t. VIII.

1864 : *Nouvelles observations sur l'unité italienne.* Publication posthume dans le *Messager de Paris.* — Œuvres complètes, t. XVI.

[Proudhon laissait un grand nombre d'œuvres, que des éditeurs divers ont publiées après sa mort, dans des conditions diverses de compétence (1), de respect et d'exactitude, sur lesquelles le travail d'une édition critique pourrait seul nous donner un jour suffisant. Les dates où ont paru ces ouvrages importent peu ici ; ce qui intéresserait, ce serait l'indication des temps où Proudhon les a écrits ;

____

(1) Voir par exemple les déclarations inquiétantes de LANGLOIS dans sa préface à *Césarisme et Christianisme,* 1883, t. I, p. XIII.

mais la détermination en serait parfois délicate et deman-
derait en tout cas une justification, qui ne saurait trouver
sa place dans cette brève étude. Quoi qu'il en soit, voici
les titres des principaux.]

De la Capacité politique des classes ouvrières.
Théorie de la Propriété.
*Contradictions politiques. — Théorie du mouvement
constitutionnel au XIX° siècle (l'Empire parlemen-
taire et l'Opposition légale).*
France et Rhin.
*La Pornocratie, ou les femmes dans les temps mo-
dernes.*
La Bible annotée, 2 vol.
Césarisme et christianisme, 2 vol.
Jésus et les origines du christianisme.
Du principe de l'art et de sa destination sociale.
Napoléon Ier.
Les Carnets de Proudhon (Grande-Revue, 10, 25
août, 25 septembre 1908).

[On consultera avec fruit les ouvrages dont suivent les
titres. On n'a pas compris dans cette liste les ouvrages
généraux de philosophie, d'économie, de sociologie, comme
par exemple ceux de Renouvier, de M. Pareto, de
M. Bourguin (qui se retrouve là dans son domaine), et
d'Eugène Fournière, où il est souvent traité de Proudhon.]

SAINTE-BEUVE : *P.-J. Proudhon, sa vie et sa correspondance, 1838-1848.* Paris, 1873 (Revue Contemporaine, octobre, novembre, décembre 1865).

KARL DIEHL : *P.-J. Proudhon, seine Lehre und sein
Leben*, Iéna, Gust. Fischer, 1er vol. 1888 — 2e vol.
1890 — 3e vol. 1896.

Arthur Muelberger : *Studien über Proudhon, Ein Beitrag zum Verstændnis der sozialen Reform*, Leipzig, G.-H. Meyer, 1891.

Arthur Muelberger : *Zur Kenntnis des Marxismus, Kritische Skizzen*, Leipzig, G.-H. Meyer, 1894.

Arthur Muelberger : *Der irrtum von Karl Marx, Aus Ernst Busch's Nachlass herausgegeben*, Basel, H. Müller, 1894. — Avant-propos et introduction de Mülberger. Une deuxième édition de cet ouvrage a paru à Stuttgart, chez Frommann, 1908.

Arthur Muelberger : *Kapital und Zins, Die polemik zwischen Bastiat und Proudhon, Mit Einleitung und in Uebersetzung herausgegeben*, Iéna, Gust. Fischer, 1896.

Arthur Muelberger : *P.-J. Proudhon, Leben und Werke*, Stuttgart, Frommann, 1899.

Arthur Desjardins : *P.-J. Proudhon, sa Vie, ses Œuvres, sa Doctrine*, Paris, Librairie académique Perrin et Cie, 1896, 2 vol.

Hubert Bourgin : *Proudhon*, Paris, Société nouvelle de librairie et d'édition (librairie Georges Bellais), 1901.

Georges Gazier : *Les maisons natales de Fourier et de Proudhon. — Une page inédite de Proudhon* (Extrait des Mémoires de la Société d'émulation du Doubs, 7e série, t. VIII, 1903-1904), Besançon, Dodivers, 1905.

Beslay : *Mes souvenirs*, Paris-Neuchâtel, 1873.

Philibert Audebrand : *Lauriers et Cyprès, Pages d'histoire contemporaine*, Paris, Calmann-Lévy, sd., ch. X.

Jules Troubat : *Discours prononcé aux obsèques de Madame P.-J. Proudhon le 11 juillet 1900*, sl, sd.

KARL MARX : *Misère de la philosophie, Réponse à la Philosophie de la Misère de M. Proudhon*, 1847. Réimpression à Paris, chez Giard et Brière, 1896.

VON STOCKHAUSEN : *Die Wertlehre Proudhons in neuer Darstellung*, Bern, Wyss, 1898.

MARC AUCUY : *Les systèmes socialistes d'échange*, Paris, Alcan, 1908, ch. 2, *Proudhon*.

HENRI KUNTZ : *Un procès de presse à Besançon en 1842, Discours prononcé par M. Henri Kuntz, substitut du procureur général*, Besançon, Millot frères et Cⁱᵉ, 1897. — Cette étude dépasse de beaucoup, et très heureusement, les promesses de son titre.

MARCEL BERNÈS : *La Morale de Proudhon*, dans *Études sur la philosophie morale au XIXᵉ siècle*, Paris, Alcan, 1904.

PUECH : *Le Proudhonisme dans l'Association internationale des travailleurs*, Paris, Alcan, 1907.

TABLE DES MATIÈRES

ACHEVÉ D'IMPRIMER

POUR LA

LIBRAIRIE DE " PAGES LIBRES "

LE 7 DÉCEMBRE 1908

PAR

L'UNION TYPOGRAPHIQUE

A VILLENEUVE-SAINT-GEORGES (SEINE-ET-OISE)

Librairie de " Pages Libres "

17, RUE SÉGUIER, PARIS, VIe. — TÉLÉPHONE : 825-05

HISTOIRE

ÉTUDES SOCIALES

POLITIQUE EXTÉRIEURE

LITTÉRATURE

www.ingramcontent.com/pod-product-compliance
Ingram Content Group UK Ltd.
Pitfield, Milton Keynes, MK11 3LW, UK
UKHW021015140726
13695UKWH00001B/273